Im Auge des Taifuns

von

Ruth Hanke

Im Auge des Taifuns ist eine Sammlung von Glossen, die in den Jahren 2000 bis 2012 entstanden sind. In diesen Glossen beschreibt die Autorin unterhaltsam, aber auch kritisch, ja manchmal nachdenklich und fast erschreckend Themen, die uns täglich begegnen, sei es im politischen, gesellschaftlichen oder familiären Umfeld.

Ruth Hanke, geboren 1960 in Schweinfurt, gelernte Grafikerin, Hausfrau und Mutter dreier Kinder, schreibt seit ihrem dreizehnten Lebensjahr Gedichte, Romane, Kurzgeschichten und Glossen.

Ruth Hanke

IM AUGE DES TAIFUNS

Heiteres und Erschreckendes

aus dem Alltag

Glossen

Herausgegeben von

Randolf Hanke

Books on Demand Taschenbuch

Copyright © 2012 Ruth Hanke, Puschendorf

Umschlaggestaltung: Ruth und Randolf Hanke

Illustrationen: Susanne Hanke

Herstellung und Verlag:

BoD - Books on Demand, Norderstedt

ISBN 978-3-8482-2012-0

Für meine Familie,
die mir so viele wunderbare Vorlagen für
dieses Buch geschenkt hat

und für

Eva,
die die Idee zu diesem Buch hatte.

INHALTSVERZEICHNIS

GLOSSEN – DIE REINE WAHRHEIT

Wenn die Opern Dich umbrausen mit Getön,

dann genieße auch die Pausen – sie sind schön.

So, wie in diesem kleinen Gedicht von Heinz Erhard ergeht es mir oft im Leben. Als ob alle Ereignisse, Erlebnisse, Herausforderungen, Empfindungen, Freundschaften, Haushalt und Familie mich wie ein Sturm umtosen.

Dann ist es wichtig, sich nicht hineinziehen zu lassen in den Wirbel, sondern ruhig zu bleiben im Auge des Taifuns. Glossen entstehen in den Momenten der Stille. Auf dem Weg vom Lauten zum Leisen entspringt die Kraft einer neuen Zuversicht, der Mut zu einer katastrophalen Ehrlichkeit und manchmal eine unvermutete Heiterkeit, die alles übersprudelt wie eine silberne Quelle:

Wirbel stürmt durch meine Sinnen

Jeder Wind mit lautem Krachen

Lohnt sich andres nicht beginnen

Als dabei nicht mitzumachen

Und sich einfach auszuruhn,

Hier im Auge des Taifun.

Ich begann Glossen zu schreiben, weil sich meine Schwägerin Eva einen Adventskalender mit 24 Glossen gewünscht hatte. Dafür wollte sie mir einen Adventskalender mit 24 kleinen Geschenken zurückgeben. Obwohl ich nie zuvor Glossen geschrieben hatte, war die Aussicht auf so einen Adventskalender – für Adventskalender tue ich alles, wie sie sehr wohl wusste – so verlockend, dass ich mich sofort an die Arbeit machte. Der Scharfblick von

Eva, die der Meinung war, das kurze Format einer Glosse müsse mir besonders liegen, war also die Initialzündung zu diesem Buch. Warum ich aber dem Format der Glosse treu geblieben bin, liegt zum Teil auch an unserer zweiten Bürgermeisterin Erika Hütten, die bis heute regelmäßig eine Glosse für eine Puschendorfer Zeitung von mir einfordert, die unter der Überschrift: „Aus fremder Feder" erscheint.

Der wirkliche Grund aber ist, dass ich in einer Glosse endlich einmal die Dinge so aussprechen kann, wie sie tatsächlich sind. Nicht die Wahrheit im tieferen, dichterischen Sinn will ich in einer Glosse hervorbringen, sondern die nüchterne, realistische Wirklichkeit, so wie ich sie in meiner Erinnerung habe. Ich erzähle nur, wie es war, wie es ist und wie es vermutlich sein wird. Die Glosse ist das Format, in dem die Augenzeugenberichte meines Lebens entstehen – mir glaubt ja sowieso keiner!

Noch beim letzten Treffen in meiner Autorengruppe fragte ein Kollege, als ich eine neue Glosse vorlas: „Ist denn wenigstens ein Teil davon wahr?" „Alles!" rief ich. „Alle meine Glossen sind die reine Wahrheit!" Ich erntete amüsiert verhüllte Skepsis, wie üblich. Vielleicht finde ich ja in Ihnen, liebe Leserin, lieber Leser, eine verwandte Seele, die mir glaubt?! Denn außer ein paar Namen der Protagonisten habe ich tatsächlich nichts verändert.

Ich dokumentiere die Wunder und Abenteuer des Alltags, in seiner Herausforderung und Skurrilität, in seiner Überraschung und seinem Zauber, sonst nichts! Oder, um mit dem unvergleichlichen Shakespeare zu sprechen:

»*Es gibt mehr Dinge zwischen Himmel und Erde, als Eure Schulweisheit sich erträumen lässt*«

Ruth Hanke, Puschendorf 2012

Der Mensch in seinem Widerspruch

Der Mensch in seinem Widerspruch ist für Dichter jeden Jahrhunderts ein nie versiegendes Studienobjekt gewesen.

Über nichts wundern sich Menschen so sehr wie über andere Menschen. Ich bin da keine Ausnahme. Mein Vater sagte einmal, dass manches besser wäre, wenn die Menschen nur etwas mehr gesunden Menschenverstand walten lassen würden, worauf mein Bruder sarkastisch antwortete, dann solle er doch mal zeigen, wo es den gesunden Menschenverstand auf dieser Welt gäbe. Er jedenfalls hätte noch keinen gesehen. Ich stimme mit meinem Vater soweit überein, dass es besser wäre, die Menschen würden danach handeln und mit meinem Bruder darin, dass, wenn es ihn denn gibt, er dann gewiss sehr selten ist!

Rathäuser, Krankenhäuser oder Schulen werden jedenfalls oft nicht davon regiert, und ob der gesunde Menschenverstand sich dafür in Familien, Betriebe oder an Stammtische zurückgezogen hat, darf auch bezweifelt werden. Fakt ist, was ein Mensch tut, ist für andere nicht immer nachvollziehbar, ziemlich häufig noch nicht einmal für ihn selber. Angesichts dessen, was z. B. Autofahrer übereinander denken und sagen, könnte man auf die Idee kommen, dass eine Übereinstimmung oder Akzeptanz zwischen Menschen überhaupt nicht möglich ist. Dem ist natürlich nicht so! In Wirklichkeit zwingt gerade das besonders Unverständliche am anderen, gründlicher nachzudenken, vor allem über sich selbst.

Bin ich am Ende auch ein Besserwisser?! Oder noch schlimmer? Ohje! Im Spiegel des anderen sieht man sich entlarvend wie nirgend wo sonst. Aber gerade das kann uns zum Verständnis, zur Akzeptanz, ja zur Versöhnung helfen. Zu einer Versöhnung, auch mit uns selber, kommen wir, wenn wir uns selber betrachten und was andere angeht, das tun, was Paulus geschrieben hat:

Einer trage des anderen Last,
dann werdet ihr das Gesetz Christi erfüllen.

Junge und Alte

Meine Schwägerin hat unlängst behauptet, Großeltern und Enkelkinder würden nicht zusammenpassen, der Altersunterschied wäre zu groß. Ein älterer Mensch könnte sich in die heutige Jugend nicht mehr hineinversetzen.

Auf den ersten Blick scheint sich das zu bestätigen, als wir die Franziska, 12 Jahre, von meiner Schwiegermutter abholen. Zusammen mit ihren Cousins Theo, 12 Jahre, und Emil, 9 Jahre, hat sie dort acht Tage Ferien verbracht.

Meine Schwiegermutter, knapp achtzig, sitzt auf ihrem kleinen Balkon, raucht eine Zigarette und wirft mir einen schrägen Blick zu. „Also, Ruth, du kriegst die Fratzen ja nicht mehr von dem Fernseher weg; schon früh geht's los, wo sie alle nicht aufstehen wollen. Waschen und Zähne putzen, das musste alles zehnmal sagen, beim Frühstück wollen sie kein Obst essen, bloß Nutella Brot und zu nichts haben sie Lust, es ist einfach nischt mehr los mit ihnen ... die Kinder, sie sind ja so lieb, aber sie halten schlecht durch: Kaum sind wir mal zwei Meter rausgefahren, schon wollen sie umkehren. Immer wollen sie genau wissen, wo wir sind und wo die nächste Wirtschaft ist..." Kopfschüttelnd trinkt sie ihren Kaffee. „Früh um zehne fahren wir los, dann waren wir im Bad, aber sie sind ja kaum geschwommen, Pause ham wer ooch noch gemacht. Um fünfe sitz ich schon wieder hier, was will ich da noch sagen...?"

Tatsächlich sieht Franziska an diesem Nachmittag etwas ermattet aus. Im Auto macht sie ihrem Herzen Luft:

> Die Oma hat uns jeden Tag zu einer Riesenradtour von 20 bis 30 km gezwungen, hinten über den Exerzierplatz, über Uttenreuth bis zum Kreuzweiher, dazwischen haben wir

uns drei Mal verfahren, aber extra, damit es noch länger wird und als ich sag: „Oma, wo sind wir denn?" sagt sie: „Ja, das wenn ich wüsste, ich bin einfach mal hier abgebogen...". Seit dreieinhalb Stunden hat sie uns ein Eis versprochen, aber die eine Wirtschaft ist noch nicht weit weg genug. „Wir sind doch erst grad losgefahren." Die nächste sieht zu teuer aus, die übernächste ist zu voll... am Ende sitzen wir vor einem Imbiss zwischen Biker Gangs und jeder kriegt ein Steckereis. Die Oma raucht eine Zigarette wie die Biker. Fehlt bloß noch die Lederjacke mit Nieten drauf und ein Helm...

Sie muss lachen.

Und als wir gerade zehn Minuten daheim waren, ich schwörs dir, Mama, hat sie gefragt: „Wer will noch mit zum Handelshof?" (Das beliebteste Einkaufsziel der Oma, quer durch die ganze Stadt) – Sie hat nämlich das Salz vergessen.

Aber Franziskas optimistisches Lachen kehrt zurück, in der Erinnerung verklären sich die siegreich überstandenen Strapazen.

Die Frage ist, müssen sich Junge und Alte ineinander hineinversetzen können, wenn sie so viel Spaß und Unterhaltung, so viel Sport und Kontrapunkte miteinander teilen? Wichtiger als alles bis ins Kleinste zu verstehen, ist ein stetiges „sich kennenlernen", eine wachsende Akzeptanz, durch die sich die Jungen und die Alten am Schluss dann doch ganz prima finden. Es ist nichts Perfektes, sondern eine gegenseitige Liebe mit Höhen und Tiefen und vielen Überraschungen – genau wie im richtigen Leben. Vielleicht ist auch hier, wie in manchen Liebesbeziehungen, das eigentliche Problem eine übersteigerte Erwartungshaltung. Wer detailgenaue Vorstellungen hat, wie ein junger oder alter Mensch zu sein hat, tut sich im konkreten Zusammensein schwer. Manchmal erkennt man auch erst im Nachhinein, was man am anderen eigentlich gehabt hat und manches vorher Unverständliche wird später nachvollziehbar und sinnerfüllt.

Vielleicht ist es gerade zwischen Alten und Jungen klug, sich zwar gegenseitig in seinen Unterschieden zuzulassen, aber besonders die verbindenden Erlebnisse zu beleuchten. Denn dieser Kontakt ist zu beiderseitigem Vorteil: Die Jungen erweitern ihren Horizont und die Alten bleiben länger jung, wie die Franziska es formuliert hat:

„Denkst du, Mama, die Oma kommt nach Puschendorf ins Altersheim? Die hat doch dafür keine Zeit – wahrscheinlich wird sie nächstes Jahr an der Tour de France teilnehmen."

16

Einmal Friedhof und zurück

Ich bin kein Mensch, der Proviant einpackt, nicht einmal, wenn wir nach Dänemark fahren. Ohne all die Schinkenweckle, Pfirsiche und Apfelsaftflaschen meines umsichtigen Ehegattens Randolf wäre ich aufgeschmissen. Aber an einem bestimmten Tag alle drei Wochen überkommt mich das Bedürfnis, Wegzehrung mitzunehmen; außerdem Zahnbürste, Hustenbonbons, Geldbeutel, Krankenkassenkarte, Ausweis – und eine Kapsel am Handgelenk, die die Blutgruppe (Null positiv) ausweist, da man nie wissen kann, was passiert.

Man kann es wirklich nicht wissen, denn heute fahren der Chef (das ist mein von mir so genannter Vater) und ich auf den Friedhof, was wir seit 14 Jahren regelmäßig tun. Man sagt, dass die Gewohnheit die Aufregung vermindert. Das ist in diesem Fall nicht so. Die 15 bis 18 Kilometer zum Friedhof zurückzulegen, in einem uralten, klapprigen und nur noch partiell funktionierenden VW Polo vom Chef wird ein immer waghalsigeres Abenteuer.

„Es ist ja nicht so weit", versuche ich mich zu beruhigen, als ich einsteige. „Notfalls könnte man auch zu Fuß gehen – wir sind ja in der Zivilisation."

Das ist natürlich Quatsch! Wir sind in dieser unberechenbaren Blechkiste, die macht, was sie will. Jetzt z. B., als wir losfahren, tun wir das keineswegs im Rückwärtsgang, wie der Chef gehofft hatte, sondern das vorsintflutliche Gefährt schnellt wie ein Pfeil auf die offene Garage unseres Nachbarn zu, in der frisch poliert der neue Mercedes steht. Ich schließe die Augen in Erwartung des Aufpralls, aber „Knirsch!" – der Chef hat noch rechtzeitig die Handbremse gezogen.

So ein Wendemanöver kann zehn Minuten dauern, wenn wir keinen Daniel haben, der uns rausdirigiert. Und dass dabei der Briefkasten (Gott sei Dank unserer!) vom Gartenzaun getrennt wird, ist im Namen der guten Sache auszuhalten. Ja – anderswo ist Krieg, da fallen die Bomben durchs Dach.

Wir kommen langsam in die Gänge, im zweiten sind wir jetzt schon, gewinnen an Fahrt, der Tacho zeigt 32 schwindelerregende Stundenkilometer, mit denen wir die Landstraße nach Tuchenbach unsicher machen. Das karierte Käppi sitzt dem Chef verwegen auf der Stirn, er stiert stur geradeaus durch seine Brillengläser, ich umklammere meine Handtasche, als wir die leichte Senke zur Weggabelung hinunterrollen.

„Ruthl!" ruft er, „kommt was von rechts?"

„Nein!"

„Schau RICHTIG!"

„Nein, nichts."

„Kurbel das Fenster runter!"

„Frei!"

Knirsch! Er hat die Handbremse angezogen. Hinter uns halten notgedrungen ein Traktor, ein BMW und ein VW Sharan.

„Steig mal kurz aus, Ruthl, von hier aus sieht man nichts!"

Ich öffne die Tür. Tatsächlich! Von rechts kommt ein Lieferwagen.

„Was hab ich gesagt?", freut sich der Chef und bemüht sich, den ausgegangenen Motor wieder anzulassen. Die Herrschaften hinter uns gestikulieren wild, vor allem, weil sich aus weiter Ferne, ebenfalls von rechts, ein Heuwagen nähert, der auch noch abgewartet werden muss.

„Mangelndes Gottvertrauen!" diagnostiziert der Chef, sehr zu Recht, bei den anderen.

„Diese Unruhe, diese Ungeduld in der heutigen Zeit!"

Stadteinwärts fahren wir 37 Stundenkilometer und geraten unversehens auf einen Gehsteig, aber nur mit der rechten Seite, so dass der Chef und ich kurz in Schräglage geraten. Mir schießt es durch den Kopf, dass wir mit unserem Auto wahrscheinlich gerade aussehen wie in einer Szene aus den Filmen „Als die Bilder laufen lernten..." oder wie aus „Dick und Doof".

„Ahh!", entfährt es mir, ich versuche einen Halt zu gewinnen, der mich hindern soll, mit dem Chef zusammenzustoßen (ziemlich eng ist es natürlich auch). Aber da hat er schon geschaltet, die Federung ächzt bedrohlich und wir fahren wieder ebenerdig.

„Na, sowas", meint er, „ein Gehsteig, der weiß markiert ist (wahrscheinlich um das, was uns eben passiert ist, zu verhindern), ich hab gedacht, das ist die Straßenbegrenzungslinie."

„Ist ja nichts passiert", japse ich und versuche, optimistisch auszusehen.

Wir gehen zum Friedhof, ich trage meine Handtasche, die Tüte mit Rechen, Gartenschere und Hacke, ziehe das Wägelchen mit der Blumenschale und versuche, mit dem Chef Schritt zu halten.

Am Grab setzt er sich meistens auf eine Bank und beobachtet die vom Wind bewegten Blätter der Birken, während ich den Nahkampf mit der Stechpalme aufnehme, die Mamherz in einer Art Privaterleuchtung auf das Grab gepflanzt hat und die seitdem macht, was sie will.

„Das sieht ja beinah nobel aus!" quittiert der Chef meine Bemühungen. Richtig: Ein König zahlt mit einem Lächeln.

Auf dem Rückweg setzt heftiger Regen ein, der auch noch anhält, als wir aus dem Café kommen und nach Hause fahren. Die drei Fahrspuren den sehr steilen Berg über die Billinganlage zur Hardthöhe hinauf verengen sich auf wenigen Metern von drei Spuren zu zwei, schließlich zu einer. Eine sehr kurz geschaltete Ampel zwingt uns dazu, ein paar Meter Gas zu geben und dann präzise zu stoppen, während ununterbrochen der Motor ausgeht. Der Regen rauscht, der altersschwache Scheibenwischer kommt nicht mehr mit, die Scheiben beschlagen, der Chef behauptet, nichts mehr zu sehen, hinter uns bricht ein Hupkonzert aus und mir steht der kalte Schweiß auf der Stirn.

„Gibt's denn hier kein Gebläse für die Scheiben?", frage ich.

„Doch, aber ich finde den Knopf nicht", antwortet der Chef.

Ich drehe auf gut Glück an einem Knopf neben dem Lenkrad – Schwein gehabt: Das Gebläse geht an, bewirkt aber nur, dass ein winziges Guckfenster frei wird.

Den Engpass überwunden, fahren wir mit 26 Stundenkilometern heimwärts, froh, allen Katastrophen glücklich entronnen zu sein. Inzwischen regnet es nur noch normal stark, natürlich überholen uns – unschön gestikulierend – massenhaft Autos, eines sogar in der Kurve nach Bernbach, aber wir lassen uns nicht verdrießen.

„Geduld bringt Rosen", sage ich, als ich daheim aussteige. Hinter uns kommt das Auto von meinem Sohn Daniel zum Stehen.

„Na, wie war's in der Arbeit?" frage ich.

„Das Problem war der Heimweg", antwortet er mit gefurchter Stirn.

„Es ist einfach unglaublich, was ein einzelnes Auto für einen Stau provozieren kann. Hallo, Großvater! Wie geht's?" –

Pünktlichkeit

An einem Tag im Dezember vor 25 Jahren saßen mein Mann Randolf und ich in der Küche, fertig zum Gehen und warteten auf meinen Vater, der uns um halb zwölf abholen wollte. Noch waren wir ruhig und zuversichtlich. Dass mein Vater, ein chronischer Zuspätkommer, wenn er „halb zwölf" sagte, nicht um halb zwölf da war, war die Norm. Manchmal kam er schon zehn Minuten später, manchmal zwanzig, diesmal war er um 12.00 Uhr immer noch nicht da.

Um 12.15 Uhr entstand in mir der Wunsch, nicht immer wie „bestellt und nicht abgeholt" dazusitzen. Ich ließ Badewasser ein und legte mich in die Badewanne. Jeden Moment musste mein Vater an der Tür klingeln; dann würde der Randolf mit bedauerndem Schulterzucken sagen: „Komm doch herein, Fritz! Die Ruth ist leider noch nicht fertig – sie liegt in der Badewanne!" Und dann würde mein Vater endlich einmal merken, wie das ist, wenn sich der andere so GAR nicht an die Abmachung hält.

Das Wasser war heiß, dann wurde es warm, schließlich kalt, die Fingerkuppen wurden wellig. Zähneklappernd stieg ich heraus und zog mich an. Als ich, mit unaussprechlichen Verwünschungen im Herzen, die Schleife der Bluse fertig gebunden hatte, klingelte es. Mein Vater stand in der Tür mit der heiteren Gelassenheit, die ihn immer umgab und lächelte: „Ich bitte um Entschuldigung, eine kleine Verspätung. Können wir jetzt fahren?"

Dass ich ein überpünktlicher Mensch geworden bin, liegt also nicht an meinem Vater, sondern, wenn ich es denn geerbt haben sollte, an meiner Großmutter väterlicherseits, von der erzählt wird, dass sie immer schon eine ganze Stunde vor Abfahrt des Zuges am

Bahnhof war. Meistens hätte sie noch locker einen Zug früher nehmen können.

Mein Sohn Daniel dagegen hat von seinem Großvater nicht nur den Hang zu Diplomatie und tiefschürfenden Büchern geerbt, sondern auch die Gewohnheit, immer erst auf den allerletzten Drücker zu kommen.

An einem Tag im Mai rief bei uns ein Lehrer des Hardenberg-Gymnasiums an, der Daniel möchte bitte zum Religionsabitur kommen. Ich rief hinunter:

„Dany! Deine Schule! Du hast jetzt Religionsabitur!" Die Antwort kam prompt:

„Diese Penner! Sie haben sich in der Zeit geirrt! Sie sollen auf ihren Plan schauen."

„Mein Sohn meint..." sagte ich in den Hörer, wurde aber unterbrochen:

„Wir haben es gehört! Er soll jetzt kommen. Wir haben nämlich eine Liste und können nicht einfach jemand anderen vorher drannehmen, ja?"

„Entschuldigung", flüsterte ich schockiert, „Er kommt sofort. Wiederhören."

„Daniel!" schrie ich. „Du sollst SOFORT kommen..."

In dem Moment hörte ich, wie unter dem lautstarken Dröhnen des Subwoofers sein Auto vor dem Haus wegfuhr. Er musste endlich den Ernst der Lage begriffen haben und gleich vom Kellerfenster aus in sein Auto gesprungen sein. Dass ihn seine Prüfer ohne Punktabzug für die unverschämte Verspätung mit 14 Punkten bestehen ließen, war ein Glück, mit dem man doch nicht immer rechnen sollte – auf dieser Welt steinigem Acker.

Menschen, die einen zwei Stunden vor dem gedeckten Tisch warten lassen, während die Kerze herunterbrennt und der Kaffee kalt wird, stellen die Beziehung auf eine harte Probe. Eine ernstgemeinte Entschuldigung und wenigstens der Versuch einer Besserung sind ein Freundschaft erhaltender Schritt in die richtige Richtung. Wohingegen ein unbekümmertes: „Reg Dich nicht auf! Ich bin nun mal so!" oft nicht so sehr empfehlenswert ist.

Aber dass ausgerechnet ich umgeben bin von einem Vater, dessen sonniges Gemüt über jeder Verspätung steht, von einem Sohn, der gerne auf den letzten Drücker kommt und einem Ehemann, der Zeit sowieso nach ganz eigenen Regeln definiert, legt geradezu überdeterminiert den Verdacht nahe, dass es hier für mich etwas zu lernen gibt: Das Erweitern der Toleranz, das Lernen von Geduld und Vertrauen haben in die Zeit. Ich z. B. freue mich jetzt schon über die familiäre Verstärkung, die ich mit einem Kind vom Daniel vielleicht einmal haben werde. Denn das wird bestimmt so ein übergewissenhafter, kleiner Käfer werden, der schon mit drei Jahren darauf achtet, bloß nicht zu spät in den Kindergarten zu kommen.

Und wenn ihn dann der Zorn auf seinen laxen Vater packt, wird ihm niemand so gut wie ich zureden können, dass man ruhig auch mal fünf gerade sein lassen kann. Oder, um es mit Eugen Roth zu sagen:

„So einfach wird oft auf der Welt

die Wahrheit wieder hergestellt."

Minuszeit

„Morgenstund hat Gold im Mund!" lautet ein oft zitiertes Sprichwort. Und auch, wenn ihm die meisten Familienmitglieder zustimmen, lebt diese Überzeugung doch jeder Mensch auf seine eigene Art.

Während die Mutter seit Jahren, ja seit Jahrzehnten, stereotyp jeden Tag um 6.00 Uhr aufsteht, um das Frühstück für die Familie vorzubereiten, hält der älteste Sohn morgens noch weniger als sonst etwas von Zeitverschwendung. Mit einem äußerst kleinen Zeitfenster erscheint er um 11.00 Uhr am Frühstückstisch: „Morgen! Dreh am Gashahn, Mama! Zwei Spiegeleier mit Toastbrot und Schinken! In 17 Minuten fährt mein Zug!"

Die große Tochter lässt über der Frisur den Kaffee kalt werden: „… Kann ich mal Deine Wimperntusche haben… Ich brauch sofort 16 Euro für den Ausflug, habs schon dreimal vergessen." „Warum erfahre ich das nicht etwas eher?" „Vergessen!" Während die Kleine in weiser Voraussicht mit fertig gepacktem Schulranzen schon seit zehn Minuten an der Tür steht, bevor ihre Freundinnen klingeln, um sie abzuholen.

Der Vater der Familie kommt als letzter aus der Arbeit, muss also am Abend am längsten fernsehen und morgens am spätesten aufstehen. Das bereitet auch ihm manchmal Probleme, die er aber nicht als solche erkennt. „Randolf, jetzt ist es 8.00 Uhr. Du hast doch gesagt, dass Du um halb neun einen Termin in der Arbeit hast." „Na und?", entgegnet er zuversichtlich, „Duschen und Anziehen: 3 Minuten! Frühstücken: 2 Minuten! Dann hab ich noch üppige 25 Minuten auf den Weg in die Arbeit zum Herumtrödeln." „Aber… Du hast doch gesagt, dass Du für den Weg in die Arbeit eine halbe Stunde brauchst!"

25

„Moment!", wirft er ein. „Mit einem NORMALEN Auto braucht man eine halbe Stunde, mit MEINEM nur die Hälfte. Und wenn, wovon ich ausgehe, alle Ampeln grün sind, spare ich nochmal die Hälfte, und wenn ich mit dem Motorrad fahre, davon nochmal die Hälfte. Und wenn ich mich etwas beeile, sind es nochmal 10 Minuten weniger, und wenn…"

„STOPP!" unterbreche ich. „Herzlichen Glückwunsch! Nach Deiner Methode müsstest Du gerade gut 6 Minuten vor Deiner Abfahrtszeit ankommen! Ein erstaunlicher Rekord!"

So ist es! Die bezaubernde Zeit des Morgens ist die Zeit des Neuanfangs, wie es Hermann Hesse schon formuliert hat:

„ … und jedem Anfang wohnt ein Zauber inne,

der uns beschützt und der uns hilft zu leben."

Vielleicht wird sich der Sohn bei seiner James-Bond-Vormittagsgestaltung noch mal verkalkulieren, der Tochter wird auffallen, dass – schulisch betrachtet – auch die schönste Frisur nicht die Antwort auf alle Fragen ist. Bei der Kleinen wird der Enthusiasmus nachlassen und der Familienvater kommt wahrscheinlich nicht rechtzeitig zu seinem Termin um halb neun. Möglicherweise sind eben doch nicht alle Ampeln grün, und auch die feuerspeiende Ducati legt die Strecke nicht in Schallgeschwindigkeit zurück. Aber das sind nur Peanuts, zu vernachlässigende Kleinigkeiten auf der Suche nach dem großen Durchbruch, Rauschen an der Peripherie, das weder sein Selbstbewusstsein noch seine blitzblanke Laune beeindruckt:

Schließlich ist er der Erfinder der Minuszeit!

Herz, was willst Du mehr?

Zehn Euro und kein Ende

Manchmal werden große Katastrophen durch kleine Erschütterungen angekündigt. So ein Anzeichen der ersten allgemeinen Verunsicherung des bürgerlichen Grundvertrauens in den Staat hat die Praxisgebühr ausgelöst. Und seitdem ist alles anders.

Respektable Rentner, die sonst zwischen Bäcker und Metzger schnell bei ihrem Doktor vorbeischauten zu einem Zuckertest, dessen Werte sie im Schlaf auswendig konnten – aber nichts beruhigt bekanntlich so sehr wie die Wiederholung – werden nun plötzlich von Zweifeln gelähmt: 10 Euro! Dafür kriegt man ohne Test eine Menge Zucker, ja sogar schon einen Kasten Billigbier! Können wir uns in diesen harten Zeiten den Zuckertest überhaupt noch leisten? Noch schlimmer geht es den wirklich Kranken.

Randolf H. z. B. sprang beim FhG-Motorrad-Sicherheitstraining bei 50 km/h von seiner Ducati, krachte auf und schlitterte 16 Meter über den Asphalt. Er fühlte sich gezerrt, geprellt, verrissen und ganz ungemein am Brustkorb eingedellt. Aber sein Charakter war ungebrochen.

Im Folgenden diagnostizierte er bei sich selbst alle Krankheiten, bei denen man erstens nicht zum Arzt muss und die zweitens einen Vorwand dafür liefern, alle alten Salben und Pülverchen, die seit 1985 im Medizinschrank lagern, aufzubrauchen.

„Die Ärzte", knirscht er mit schmerzverzerrtem Gesicht „taugen alle nichts! Alles Deppen, Blinde und Idioten! Kürzlich haben sie einem das falsche Bein amputiert." „Aber", versuche ich einzuwenden, „solltest du nicht zum Röntgen gehen wegen deiner Wirbelsäule?" „Ha!" schnaubt er, „röntgen kann ich mich selber!" Und während er sich herabbeugt, um seinen schmerzenden Unterschenkel zu befühlen, bleibt er mit jammervollem Jaulen plötzlich in einem 90-Grad-Winkel in der Luft stecken. Schwer atmend sinkt er aufs Bett: „10 Euro zahl' ich nicht!", bringt er gerade noch heraus. „Nur über meine Leiche!"

Nun ist es ja nicht so, dass er etwa geizig wäre. Drei neue Abendkleider und wunderschöne Blumensträuße für mich, Cityroller und Rollerskates, Saxophon- und Reitunterricht für die Kinder und ein großes Eis für alle sind immer drin. Aber er unterteilt die Währung eben in „Geld" und „sinnlos rausgeschmissenes Geld". Letzterem muss er natürlich den Kampf ansagen und zwar in Tateinheit mit dem Widerstand gegen die schandbare, allgemeine Verweichlichung.

Nach kaum vier Wochen konnte er wieder gerade stehen, schmerzfrei gehen und nicht röchelnd atmen. Er hatte einen phänomenalen Sieg errungen. Bis dann sein Sohn Daniel auf dem Mega-Konzert „Rock im Park" in eine Glasscherbe fiel und sich den Arm aufschnitt. Was tat dieser Unglücksmensch? Ging zum Arzt, ließ sich nähen, zahlte 10 Euro – und kam zum Randolf, um die 10 Euro plus 5 Euro Fahrtkosten zurückzufordern. Der wurde blass. „15 Euro!" schrie er. „Die haben oder nicht sind 30 und in Mark umgerechnet 60! Das muss man sich mal vorstellen! Mensch, ich hätte Dir das schnell selber nähen und mit Schwedenkraut desinfizieren können! Hast Du noch alle Tassen im Schrank?" Der Daniel lächelte mitfühlend, konnte aber an dem kapitalen Verlust nichts mehr ändern.

Insofern verstärkt die Praxisgebühr bei vielen nur den Status Quo der Verhaltensweisen: Diejenigen, die wie der Randolf schon mehr Krankheiten wegignoriert haben als im Pschyrembel stehen, haben eine weitere Legitimation, den Arztbesuch zu verweigern, und diejenigen, die schon immer mehr Geld in der Apotheke als im Supermarkt gelassen haben, geben jetzt eben noch etwas mehr für ihr eigentliches Hobby, die Gesundheit, aus und jammern weiterhin über die steigenden Kosten.

Nur ich, wenn ich vierteljährlich das Rezept für mein Magentherapeutikum holen muss, gerate unversehens in Stress. Heimlich muss ich zum Arzt rennen und darf mich bloß nicht dabei erwischen lassen. Insoweit denke ich, wenn ich ziemlich aus der Puste durch das stressige Gerenne endlich wieder daheim bin, tut die Praxisgebühr doch noch etwas für die Gesundheit:

Sie bringt einen auf Trab.

So ist das also!

Der Tag, an dem ich unser jüngstes Kind, die Franziska, zur Einschulung begleitete, wird mir unvergesslich bleiben. Auf dem Weg zum Gottesdienst hielt eine mir unbekannte Frau mit mir Schritt und fragte mit Blick auf die Kleine, die um mich herumhüpfte: „Der Vater kann heute wohl nicht kommen, und da begleiten Sie das Kind an Stelle der Mutter zum ersten Schultag?"

„Der Vater ist auf Dienstreise", stimmte ich zu, „und ich bin die Mutter."

Die Frau lächelte mitfühlend. „Da fühlt man sich gleich wie die Mutter, gell?"

Ich habe keine Ahnung, wie Sie sich fühlen, dachte ich und sagte laut: „Ich bin die Mutter von Franziska."

„Nein" widersprach die Frau gütig, aber entschieden.

„Das können Sie doch nicht sagen!"

Ich konnte nicht weitergehen. Ich brauchte meine ganze Kraft, um endlose Sekunden darüber nachzudenken, ob sie Recht haben könnte. Schwankende Abgründe taten sich vor mir auf. Schließlich zwang mich die Faktenlage doch zu einer klaren Aussage: „Tut mir leid, ich BIN die Mutter, ganz ehrlich, ich war bei der Geburt dabei."

Nachdem ich ihr die Umstände erklärt hatte, murmelte sie: „Ach so ist das also."

Aber den einen schockierenden Moment, in dem ich ernsthaft überlegte, ob mein Kind auch wirklich mein Kind sei, habe ich nie vergessen! Vielleicht, weil an dem, was die Frau sagte, im Grunde etwas Wahres ist: Unser selbstverständlicher Gebrauch von Possessivpronomen verführt in dem Punkt zu einem Irrtum.

Richtig ist: Meine Tomaten sind meine Tomaten! Ich kann sie verschenken, einkochen oder zu Salat verarbeiten. Meine Schuhe sind meine Schuhe, ich kann sie aus dem Fenster werfen oder auf der Terrasse einregnen lassen oder sie gleich in der Schulturnhalle vergessen, wie Franziska das gerne tut. Aber: Mein Kind ist mein Kind? Nur in dem Punkt ist es mein Kind, weil Gott es mir anvertraut hat als eine große Aufgabe. Nicht darin ist es mein Kind, dass ich damit machen könnte, was ich wollte.

Die vielen Missbrauchsfälle in den Familien, die vielen Spitzensportler, die keine Kindheit hatten, weil ihre ehrgeizigen Eltern sie in einen erbarmungslosen Leistungsdruck getrieben haben, der Sohn des Firmenbesitzers, der immer der Juniorchef sein musste, obwohl er das im Leben nie wollte oder konnte, der darüber unglücklich wurde und dann auch noch die Firma an die Wand gefahren hat – sie alle sprechen eine deutliche Sprache.

Dauernd zu betonen, dass die Tochter „ganz die Mama" sei, hat den Charakter eines Vorurteils und stört das Kind in seinem Persönlichkeitsrecht, weder die „ganze Mama" noch die „halbe Tante" sondern in erster Linie ganz es selbst zu sein. Ich will so – mein Kind will anders. Das ist normal, das ist sogar sein Recht. Wir müssen in der Familie eine gute, vertrauensvolle Atmosphäre schaffen, in der jeder er selbst sein darf, ohne dass er für sein Anderssein angefeindet wird. Dass das ein harter Job ist, will ich gerne zugeben, und es ist nur logisch, dass man sich da manchmal fragt: „Und was habe ich davon?"

Auch in der Familie ist es so: Man muss erst etwas einzahlen, wenn man etwas herausbekommen will. Dann aber geben einem die Kinder so viel mehr Freude zurück, als man sich vorstellen kann, so dass jedes Jahr Arbeit an dem bedrohtesten Sozialgefüge unserer Zeit, der Familie, sich mehr als auszahlt.

Und außerdem: „Man sagt, es ist gut, Kinder zu haben", erkläre ich Franziska, die vom Joggen zurückkommt und gerade Haferflocken mit Obst futtert, „damit man im Alter jemanden hat, der für einen sorgt".

„Aber du", lacht sie, „rätst mir das nicht, was, Mama?"

„Nein", antworte ich und betrachte die gutgelaunt herum wirtschaftende Oma, die in der Gegenwart ihres Enkelkindes ihr Alter und die schmerzenden Gelenke vergisst.

Ich sag zu ihr: „Es ist gut, Kinder zu haben, damit man im Alter jemanden hat, für den man sorgen kann."

Jetzt setzt sich die Oma zu uns: „Franziska, was machen denn deine Hausschuhe auf der Terrasse, das kostet doch alles GELD!?"

Richtig!

Irren ist menschlich

Die Ärmel des grauen Wintermantels reichten mir gerade bis zum Ellenbogen, der Saum endete an der Hüfte, und damit er sich auch mit viel Gewalt hätte vorne schließen lassen, fehlten 20 cm. Ich guckte schockiert in den Spiegel und verstand die Welt nicht mehr. „Aber ...", stotterte ich in meinem Inneren, „... man kann doch in einer Woche nicht so viel zunehmen?!"

Hinter mir im Spiegel erschien das gutherzige Gesicht von Katharina, der Freundin meines Sohnes. „Das sieht lustig aus", meinte sie.

„Er passt nicht mehr!", jammerte ich. „Und an den Ärmeln ist der Stoff abgewetzt, das ist doch ein teurer Mantel! Nagelneu!"

„Naja", meinte sie, „ich hab' ihn vor drei Jahren auf dem Flohmarkt gekauft – etwas abgenützt ist er schon!"

Es dauerte endlose Sekunden, bis bei mir der Groschen fiel. „Das... das ist DEIN Mantel?!"

„Natürlich", lachte sie und holte hilfsbereit meinen Mantel aus der Garderobe, der mit ihrem, bis auf die Farbe tatsächlich wenig gemeinsam hatte. Ich setzte mich schwindlig auf den Telefontisch, um mich von diesem Horrorszenario zu erholen. Horrorszenario? Was war denn passiert? Objektiv gar nichts. Ich hatte nur GEDACHT, ein drei Jahre alter Mantel, Größe 36, wäre meiner, und schon erkannte ich mein Spiegelbild nicht mehr.

„Die Abenteuer sind im Kopf und sind sie da nicht, dann sind sie nirgendwo", hat André Heller einmal gesagt. *Sehr richtig!* Auch das Glück, der Argwohn, die Angst und der Irrtum sind da. Wie oft haben wir „geistig" den falschen Mantel an und fallen auf die billigste, optische Täuschung herein! Nur weil die Nachbarin nicht so oft Fenster putzt wie man selbst, denkt man schon, sie wäre unordentlich – oder wenn sie öfter putzt, dann eben pedantisch. Nur weil der Junge angezogen ist wie ein „Gangster-Rapper", meint man, in dieser Kleidung müsste schon ein halber Verbrecher stecken. Solche „falschen Mäntel", „alte Fetzen", übernommen von einem bösartigen Klatsch, wachsen sich leicht zu zählebigen Irrtümern aus.

Die Textilien werden in schöner Regelmäßigkeit aussortiert und der Kleiderschrank auf den neuesten Stand gebracht. Vielleicht ist es an der Zeit, sich auch, was Meinungen, Gedanken, Vorurteile, Überzeugungen angeht, ab und zu etwas Neues anzuschaffen. Das erfordert kein Heldentum, sondern die Bereitwilligkeit, es einmal mit dem Gegenteil des Bisherigen zu versuchen. Die alten Fetzen loszulassen, um die unendliche Buntheit und Vielgestaltigkeit zu akzeptieren, mit der der liebe Gott die Menschheit geschaffen hat, schafft ein Gefühl von Frühling und Befreiung.

Hinwiederum halten manche Menschen an ihren Irrtümern mit offensichtlichem Vergnügen fest, wie ich kürzlich am Fürther Busbahnhof feststellen konnte.

Nach einer längeren Dienstreise meines Mannes hatten er und ich uns ein paar schöne Stunden am Vormittag in der Stadt gegönnt. Nun war die Zeit herum, mein Mann musste zurück ins Büro und ich wollte den Bus nach Hause nehmen. Ich wurde noch bis an die Haltestelle gebracht, und unsere Verabschiedung fiel schon etwas gefühlvoller aus, schließlich war es auch besonders schön gewesen, nach längerer Pause wieder zusammen zu sein.

Wir standen also vor dem Bus, dessen Tür noch geschlossen war, als mir plötzlich jemand unsanft auf den Rücken klopfte. Ich drehte mich um und sah eine Frau mit ärgerlichem Gesicht:

„Der Mann da soll endlich die Bustür aufmachen!"

„Wie bitte? Wer?"

„Na, der Busfahrer da!"

„Aber mein Mann ist nicht der Busfahrer!"

„Sie brauchen mich fei net für dumm verkaufen! Sie sind nicht verheiratet! Keine Ringe! Was ich gesehen hab, hab ich gesehen, gell!"

Sie war nicht zu überzeugen. Auch nicht von mir als rechtmäßiger Ehefrau. Vielleicht passten für sie ja die Ehe und die Liebe einfach nicht zusammen. Als dann der „echte" Busfahrer die Tür öffnete, stieg ich schulterzuckend ein, unter den durchdringenden Blicken der anderen. Der Skandal war perfekt. Doch dann dachte ich an den falschen Mantel und musste lächeln. Manchmal dauert es einige Zeit, bis wir bereit sind, uns von unseren Irrtümern zu lösen. Nicht Resignation, sondern Geduld ist das Gebot der Stunde.

Es gibt ein altes Sprichwort, das sagt es sehr schön:

„Geduld bringt Rosen!"

Some like it cool!

Er liebt mich ... er liebt mich nicht ... er liebt mich ... er liebt mich nicht ... das geht ja ewig so weiter! Wie viele Blütenblätter muss Mann und Frau abreißen, um sich wirklich sicher zu sein, aufrichtig geliebt zu werden?

Über das, was ein Zeichen von wahrer Liebe ist, gehen die Meinungen nicht nur weit, sondern geradezu geographisch auseinander. Ist z. B. gemeinsames Angeln mitten in der Wildnis ein Zeichen besonderer Romantik und exklusiver Zweisamkeit, oder ist es ein Beweis tauber Rücksichtslosigkeit eines gefühllosen Autisten gegenüber seiner von Öde und Stechmücken geplagten Frau? Ist ein zweikarätiger Diamantring die totale, auch finanzielle Hingabe oder ein billiges Protzen mit der ordinären Kohle, gar ein unverfrorener Versuch, die Herzdame zu kaufen? Will einem der Mensch, der mir gescheite Bücher schenkt, das „Sesam-öffne-dich" zu seiner Innenwelt in die Hand geben und mir dadurch das sozusagen höchste Vertrauen erweisen, oder will er in kalter Arroganz andeuten, ich sollte etwas für meine Bildung tun? Schwierig, schwierig!

Und darum habe ich – ganz original – im heroischen Selbstversuch eine neue Methode entdeckt, die Aufschluss auf diese heikle Frage gibt: Werde ich von meinem Partner wirklich geliebt?

Wie bekannt und unbestritten, sind die Menschen höchst verschieden. Von den äußeren Extremen einer breiten Skala ausgehend, lassen sie sich vereinfacht in zwei Typen einteilen: Die Eisbären und die Sonnenanbeter.

Die Eisbären überleben die Sommermonate in vollklimatisierten Höhlen, schwimmen im Baggersee mit Vorliebe weit hinaus, wo es noch am kältesten ist, haben zu Hause eine Anzahl leistungsstarker Ventilatoren und immer eine Flasche mit eisgekühltem Getränk in der Hand. Wenn die Blätter fallen, reiben sie sich die Hände, beim ersten Frost keimt die Hoffnung, und wenn es zum ersten Mal richtig schneit, geht ihnen das Herz auf. Sie fahren im Urlaub konstant in den Norden und „Elch", „Grizzly", „Lachs" und „Kanu" sind ihre Lieblingswörter.

Ein Sonnenanbeter, wie mein Freund Lutz z. B. kann auch bei 35° C im Schatten noch begeistert mountainbiken; er bezeichnet einen überfälligen Regenguss zwischen zwei Dürreperioden mit langgezogenem Gesicht als „schlechtes Wetter". Im September fängt er an zu frieren, im Oktober wird er nervös, im November kriegt er eine ausgewachsene Depression, Weihnachten ist für ihn „der reine Horror" und den gesamten Januar fliegt er nach Tahiti, „weil, das hält ja hier kein Mensch aus!"

Und gerade dieses unterschiedliche Wärme- und Kälteempfinden sorgt in Beziehungen, in denen man sich schon jahrelang um Verständnis bemüht hat, trotzdem zu gleichbleibendem Kopfschütteln: Der eine reißt die Fenster auf, weil er ohne Frischluft nicht leben kann, der andere macht sie eiligst wieder zu und dreht die Heizung auf, weil er erst eine mittlere Backofenhitze als angenehm empfindet. An diesem Punkt liegt trotz allen guten Willens eine unbewusste Blockade, ein innerer Widerstand vor, der nur durch die wahre Liebe aufgelöst wird.

Mein Sohn Daniel und ich holten meine Schwester Tine an einem klaren, heißen Tag Ende Mai nachmittags um 15.00 Uhr zu ihrer Darmspiegelung ab.

Auch normalerweise schon eine extreme Sonnenanbeterin, trug sie heute ein langärmliges Unterhemd, zwei dicke Wollpullover bis zum Hals hinauf und darüber eine feste, gefütterte, völlig luftundurchlässige Regenjacke. Sie sagte, dass sie fror. Während der Behandlung hatte sich Daniels Wagen in einen Backofen verwandelt und die Tine, durch die Narkose noch nicht ganz auf Augenhöhe mit der Realität, bat mich um eine Zigarette. Sie lächelte ungläubig, als ich ihr antwortete, dass ich keine hätte, weil ich nicht rauche. Das und einiges andere hatte sie kurzfristig vergessen. Sie vergas aber nicht, den Daniel zu bitten, das Fenster zu öffnen, „weil die Ruth sonst verschmort" und das, obwohl ich nichts anderes signalisiert hatte und auch empfand als heitere Zuversicht, weil alles so gut gegangen war.

Dass sie in dieser Situation, wo sie noch nicht ganz bei sich war, so von mir aus fühlen und denken konnte, zeigte, dass auf einer tiefen, seelischen Ebene „nichts dazwischen" war.

Für eine Beziehung, wo auf das unterschiedliche Wärme- und Kälteempfinden Rücksicht genommen wird, sollten wir von Herzen dankbar sein, denn da ist auf jeden Fall eine echte, innere Verbindung da, ganz gleich, welche Stürme sich an der Oberfläche auch abspielen mögen.

Oder, wie Rilke sagt:

„Lassen Sie sich nicht verwirren durch die Oberflächen.

In den Tiefen wird alles Gesetz."

Quod erat demonstrandum!

Herr und Hund

Es war doch jedes Mal dasselbe! Auf dem Weg zum Kindergarten stürzte immer ein großer, schwarzer Schäferhund auf meine kleine Susi und mich zu, bellte fürchterlich, fletschte die Zähne bis zum letzten Backenzahn und drückte uns an die Mauer, um uns erst wieder freizulassen, wenn er ein neues Opfer gefunden hatte. Schließlich rief ich die Besitzerin des Hundes, die Ärztin Griselda von Grimbold an. Ihre Antwort war kurz und ernüchternd: „In die Streitereien, die Sie mit meinem Hund haben, mische ich mich nicht ein!", beschied sie mir und legte auf. In dem Moment überlegte ich, ob wir uns nicht ein Krokodil anschaffen sollten, um dann – während es eine kleine Treibjagd auf Frau von Grimbold veranstaltete – auf ihre Hilferufe zu antworten: „In die Beziehungen meines Krokodils mische ich mich grundsätzlich nicht ein!"

Am Mittagstisch kündigte ich eine Anzeige bei der Polizei an, worauf mir mein Sohn Daniel einen langen Blick zuwarf, bei dem sich das Hellblau seiner Augen kritisch verdunkelte. Am nächsten Tag schilderte er mir die verheerende Wirkung der Polizeidrohung auf seine Klassenkameradin Felicitas von Grimbold. Das arme Mädchen hätte einen Heulkrampf bekommen aus Angst, ihr Lieblingstier würde eingeschläfert werden. Ich erfuhr von der nervenaufreibenden Scheidung der Eltern, dass die Mutter freilich unvernünftig wäre, aber der Hund wäre alt, krank und blind, alle Zähne wären wacklig, er könnte nur noch eingeweichtes Weißbrot essen, und morgens ein paar Leute zu erschrecken wäre das einzige Vergnügen seines Lebens. Als am nächsten Tag wieder bedrohlich knurrend der Hund auf uns zukam, grinsten wir ihn freundlich an. „Wauwau streicheln!", schrie die Susi jetzt begeistert und rannte los, worauf der Hund plötzlich mitten in der

Bewegung stecken blieb, als ob er gerochen hätte, dass es vorbei war mit unserer Angst und die Flucht ergriff. Mit Indianergebrüll setzte ihm die Susi hinterher. Als sie Grimbolds Gartenzaun übersteigen wollte, sah ich Frau von Grimbold mit irritiertem Gesichtsausdruck in der Tür stehen.

Sie zog erschrocken den Morgenmantel enger um sich, als sich der Hund zwischen ihren Beinen verkroch. „Keine Angst!", beruhigte ich sie. „Meine Kleine will bloß spielen. Susi, hierher! Der Wauwau ist krank und muss jetzt schlafen."

Konnte es sein, dass nicht nur der Hund, sondern auch Frau von Grimbold ganz gern Leute erschreckte? Offenbar hatten die beiden sich gesucht und gefunden. Nichts ist so sehr geeignet, einem den Spiegel (manchmal unterdrückter Bedürfnisse) vorzuhalten wie ein Haustier. Und Ehrlichkeit ist auch notwendig, wenn man ein Haustier sucht, und dabei lasse man um Himmels Willen jede Scheinheiligkeit beiseite.

Ein Mensch, der von drei Kampfhunden aggressiv die Straße entlang gezogen wird, so dass man bei dem Anblick schon freiwillig die Straßenseite wechselt, argwöhnt bei sich selbst vielleicht, dass er ansonsten wenig Aufsehen erregen und ganz gut etwas Verstärkung gebrauchen könnte. Mancher Kaninchenbesitzer findet in einer kalten, rauen Umwelt nicht genügend Sanftmut und Streicheleinheiten, ein Aquariumsfreund will am Ende wirklich mal eine Zeit lang „nichts mehr hören", und wer auf einem Elefanten reitet (es sei denn, er wäre Maharadscha oder von der Comödie Fürth, für die das normal ist), möchte tatsächlich einmal „hoch zu Ross" daherkommen. Ziemlich offensichtlich ist auch die Verbindung der Susi, die auf dem Gymnasium unentwegt ihre Lehrer imitierte und dem ewig pfeifenden, schimpfenden, krächzenden, säuselnden und hustenden Spottvogel, mit dem sie viele Jahre eine Schicksalsgemeinschaft bildete.

Wie kommt jetzt die sportfanatische Franziska, die dem Gegenwind des Lebens die unerschrockene Stirn bietet, zu ihrem feinnervigen Kater? Er war meiner Schwägerin zugelaufen, und dort haben der Kater Janosch und die Franziska sich getroffen und sich sofort heftig ineinander verliebt. Im Folgenden war die Kleine mehr bei meiner Schwägerin als bei uns zu Hause, und es war eine Frage der Zeit, wann sie zusammenziehen würden.

Der Janosch hat zwar vor Vögeln Angst und ist für ein Leben in freier Wildbahn ungeeignet. Dafür hat er bezaubernde Manieren und sieht allerliebst aus auf seinem roten Samtkissen. Seine Stimme klingt wie das Quaken einer Ente oder das Gurren einer Taube, und mit der Franziska verbindet ihn eine Jahre andauernde Liebesgeschichte, die wirklich eher in einen Hollywoodfilm als in eine normale Familie passt. Auch wenn die Franziska nüchtern an Hand von Tagesplänen ihre Lerneinheiten und Sondertrainings abarbeitet und sich in einem rosa Rüschenkleid nie erwischen lassen würde, lebt in ihr trotzdem – wie in jedem Mädchen – die Prinzessin. Und der Janosch verkörpert mit seiner Sensibilität, Gefühlsbetontheit und dem selbstverständlichem Luxus seines Wesens den Prinzen. Umgekehrt ist die Franziska für den Janosch vielleicht das Ideal einer besonders großen, starken und wichtigen Katze, eine Art Supertiger, mit dem er sich unbesiegbar fühlt. Es ist eben wichtig, dass nicht nur das Haustier zum Menschen, sondern auch der Mensch zum Tier passt. Dann wird sich aus dieser Beziehung ein doppeltes Glück entwickeln, das lange hält.

Friedrich Schiller hat in seinem Gedicht „Die Glocke" die Sache so zusammengefasst:

„Drum prüfe, wer sich ewig bindet,

ob sich das Herz zum Herzen findet!"

Ich wollte, es wär so…

„Lieber Gott, mach die bösen Menschen gut

und die guten etwas besser."

Die himmelstürmende Sehnsucht, es möchte etwas besser werden auf dieser Welt, ist der Menschheit von alters her zu Eigen. Etwas besser werden, das wünschen sich die meisten, vor allem auch in ihrem Verhältnis untereinander, in ihrem Zusammenleben.

Jeder weiß, wie leicht es ist, sich über die eskalierenden Nachbarschaftskriege und Familienstreitereien der anderen spöttisch oder moralisierend zu erheben, und wie schwer es ist, auf die Durchsetzung eigener Interessen zu verzichten und das eigene ewige Recht haben wollen loszulassen. Anzuerkennen, dass es auf dem Weg zum Besseren oder Schlechteren um kleine, scheinbar unwichtige, jedenfalls nebensächliche Dinge geht, ist ein wichtiger Anfang: Einem Wildfremden etwas aufheben, was ihm heruntergefallen ist, am Parkautomaten jemandem, den man nie wiedersieht, mit einem 50 Centstück auszuhelfen, auf eine innere Verurteilung zu verzichten, weil man spürt, dass sie im Grunde nur schlechter Laune entsprungen ist – das sind wesentliche Schritte in die richtige Richtung!

Diese Philosophie der kleinen Schritte wird von bescheidenen Menschen angewandt, die nicht unentwegt mit ihrer eigenen Wichtigkeit beschäftigt sind und die in diesem Tun gar kein besonderes Opfer sehen. Die anderen wollen nicht sich selber, sondern die Gesellschaft ändern.

Das „System" hat den zweifelhaften Vorteil, nicht so richtig greifbar zu sein und sich durch die Trägheit der Masse erst überhaupt nicht oder nur sehr langsam und dann durch unvorhersehbare Einflüsse plötzlich heftig und nicht immer in die gewünschte Richtung zu bewegen.

Das „System" ist die Ausrede für alles und jeden, genau wie der „Staat", die „Gesellschaft", die „Globalisierung" oder die „Statistik"! Wir leben aber im Konkreten. Es geht darum, etwas aus Liebe selber zu tun und darum, dass das, was wir sowieso tun, was wir tun müssen, von Liebe geprägt ist. Es geht um das Bargeld einer unbegründeten Freundlichkeit in der Arbeit und an der Supermarktkasse, um ein unerwartetes Verständnis, einen Händedruck, ein Kompliment, eine Anerkennung.

Frere Roger, der ehemalige Prior der Commonaute Taize hat einmal gesagt:

„Am Ende unseres Lebens wird es die Liebe sein,

die über uns entscheidet."

Der wahre Freund der Nichtraucher

Ich selbst bin Nichtraucherin. Mein Mann, der Randolf, nicht so sehr. Mit der Zuverlässigkeit einer Brieftaube erscheint er regelmäßig alle fünf Tage in Frau Hamerskys Geschäft, wo er seine extra für ihn bestellten zwei Kistchen „Minetti Brasil Zigarillos" in Empfang nimmt.

Wenn „Don Zigarillo" in die Arbeit kommt, hat er das erste Zigarillo bereits konsumiert, weswegen er erst einmal einen kleinen Tabakkrümel ausspucken muss, bevor er seiner Mannschaft: „Guten Morgen" wünscht. Dies gibt seinem Gruß etwas kernig Unverwechselbares und ist schon oft erfolglos kopiert worden – einmal, weil zum überzeugenden „Chef sein" möglicherweise mehr gehört, als Tabakspucken, und zweitens, weil die Angelegenheit mit einem zuckerfreien Kaugummi ihre Wirkung verfehlt.

Auch wenn er sich das Streichholz nicht an der Schuhsohle anzündet, umgibt ihn in solchen Momenten das Flair eines etwas schrägen Westernhelden, mit dem er auch sonst einige Ähnlichkeit hat.

Aber wir wollen hier nicht dem Fehler der Moderne erliegen und die Dinge nur an der Oberfläche betrachten. Seine Umgangsformen mögen vielleicht beliebig skurril erscheinen – innerlich ist er ein Mann des Ausgleichs, ja im Grunde steckt er so tief im sozialen Gedanken wie die Gurken im Essig.

Um eine Versöhnung zwischen Rauchern und Nichtrauchern herbeizuführen, scheut er keine Mühe. So steckt er sich zum Beispiel in einer Hotellobby öfter mal ein – unangezündetes – Zigarillo zwischen die Zähne, um die Mitmenschen an den Anblick dieses wunderbaren Genussmittels zu gewöhnen und deren Reaktion zeigt natürlich, wie notwendig das ist: Zwei eigentlich gestanden aussehende Männer halten sich hektisch Taschentücher vors Gesicht, ein weiterer krümmt sich unter schlagartig einsetzenden Asthmaanfällen, und ein vierter, mit einer Gesichtsfarbe, die ich nur als hellgrün-weiß-meliert beschreiben kann, droht in Ohnmacht zu fallen.

Und das, meint der Randolf, wäre ja nun in Wirklichkeit ungesund: Hysterie, Hypochondrie, Verweichlichung und „Pfifferigkeit im Allgemeinen". Wobei ihm auch die wissenschaftlich fundierte Psychologie recht gibt, ist: Ungesund, und zwar ganz massiv, ist der soziale Unfrieden. Daher hat er in seiner Arbeit ein Vorzeigeprojekt initiiert: Mit der Zustimmung aller darf in einem der Sozialräume nach gegenseitiger Absprache geraucht werden. Diese Regelung bewirkt nicht nur, dass man miteinander ins Gespräch kommt, sondern auch, dass man lernt, Rücksicht zu nehmen, Entgegenkommen zu zeigen und aufeinander einzugehen: Schönste Voraussetzungen für gute Zusammenarbeit.

Wobei ihm das Wohl der Nichtraucher besonders am Herzen liegt. Vor kurzem hat er einen Mitarbeiter, der dachte, mit einem Raucher als Chef könnte er das Toleranzabkommen egoistisch ausnützen, fast einen Kopf kürzer gemacht. Denn Egoismus und Rechthaberei verstänkern seiner Ansicht nach erheblich mehr die Atmosphäre als es sogar eine ganze Kiste kubanischer Ofenrohrzigarren jemals zustande brächte.

Seine Aktionen zeitigen bereits erste Erfolge: Sich in der Öffentlichkeit lautstark als Nichtraucher gerierende Mitmenschen bitten ihn heimlich und leise um ein Zigarillo. Nichtraucher erklären, den Duft einer guten Pfeife ganz gern zu riechen, und wenn er an der Bratwurstbude ansteht, drängen sich die zwangsentwöhnten Nichtraucher an ihn, um wenigstens einen Atemzug des aromatischen Rauches einzufangen.

Und obwohl er pro Zigarillo funkelnde 75 Cent investiert, hat er für diese Art aktiven Passivrauchens noch nie jemandem auch nur einen mickrigen Cent abverlangt.

Er ist eben doch der wahre Freund der Nichtraucher.

Stromausfall

In einer kleinen Stadt in Minnesota fiel vor 20 Jahren für einen halben Tag und eine ganze Nacht der Strom aus. Neun Monate später verzeichnete die Entbindungsstation des örtlichen Krankenhauses einen Geburtenanstieg um 155%!

Was soll man nun daraus schließen? Hatten die Bewohner der Kleinstadt in der Nacht eine solche Angst, dass sie sich aneinander festklammern mussten und daraus, sozusagen aus Versehen, Babys entstanden sind? Oder dass ihnen ohne Fernseher dermaßen langweilig war, dass ihnen nichts anderes übrig blieb, als sich sogar mit ihrem Ehepartner zu befassen – getreu dem Sprichwort: „In der Not frisst der Teufel Fliegen"? Oder war es vielleicht so, dass man ohne den Zwang in Discos mit dröhnender Musik und in Cocktailbars mit giftigen Cocktails zu rennen, ohne öffentliches oder Heimkino, ohne Stereoanlage, Mikrowelle, elektrischem Dosenöffner, ohne Föhn, Staubsauger und Rasierapparat, den Kopf ENDLICH mal frei hatte für das, womit all diese Einrichtungen und Artikel kräftig Reklame machen: Für die Liebe nämlich?

Wir haben es leider nicht so gut. Ich kann mich überhaupt an keinen so zu nennenden Stromausfall erinnern, der länger als ein paar Minuten gedauert hätte. Dabei hätten auch wir ab und zu das Bedürfnis, den Kopf frei zu bekommen. Aber nichts ist es! Unter lautstarkem Hiphop müssen die armen Kinder ihre Mathematikhausaufgaben machen, den Hausfrauen plätschert beim Abwasch das Radio mit dem Gewäsch unsäglicher Moderatoren die Ohren voll, den Autofahrern werden automatisch immer irgendwelche Staus gemeldet, ob sie das jetzt sonderlich beruhigt oder nicht und die Liebenden müssen sich via Fernsehkiste von allabendlichen Soap-Operas oder am Ende noch von Comedys, die allenfalls als

Haftverschärfung taugen, malträtieren lassen, bis sie fast tot umfallen!

Inzwischen hat schon jedes zweite Kind einen eigenen Fernseher im Zimmer, damit es keine Zeit mit „Einfach Ruhe geben" und „Vor sich hindenken" verplempert. In diesem letztgenannten Zustand sind zwar in der Vergangenheit eine Menge bahnbrechender Erfindungen gemacht worden – aber jetzt brauchen wir nichts mehr zu erfinden. Die heutige Welt ist perfekt, jetzt geht es nur noch darum, die nächste Folge von „Six and the Zitty" nicht zu verpassen. Und vor allem den nächsten Werbeblock nicht! Vom Kindergarten bis ins Grab werden wir durch eine andauernde Sauce synthetischer, optischer und akustischer Reize daueranimiert, und die Gewohnheit verhindert, dass wir den einzig klaren und notwendigen Gedanken fassen und den „Aus-Knopf" finden. Insofern ist es eigentlich nicht weiter verwunderlich, dass die Politiker ihn auch nicht finden. Und dass sie wieder keine Lösung wissen, wenn sie das nächste Mal über den Geburtenrückgang und die demographische Entwicklung jammern. Zumal es doch so einfach wäre, dem nachgewiesenermaßen abzuhelfen. So einfach – und so billig, wenn man die Ersparnis an der Beleuchtung einer mittleren Großstadt bedenkt, bei der nur manchmal eine Nacht lang der Strom ausfällt. Und außerdem ist es gar nicht richtig dunkel:

„Der Mond ist aufgegangen,
die güldnen Sternlein prangen
am Himmel hell und klar.
Der Wald steht schwarz und schweiget
und aus den Wiesen steiget
der weiße Nebel wunderbar."

(Matthias Claudius)

Gute Nacht!

Die liebe Familie

Allmäächt – die Verwandtschaft! Jeder weiß davon ein Lied zu singen: Die Oma wird immer tauber, die Tante immer geiziger und der unverheiratete Onkel immer skurriler. Die Schwester spinnt sowieso im Quadrat, die Kinder der Schwägerin sind die reinsten Monster und der Bruder versteht unter einem Gespräch ein einseitiges, mutwilliges Gepläke, unterstützt von kettenrauchenden Gaswolken. Die wenn erst alle wieder weg sind!

An meinem Vater ist nicht nur, wie er selbst behauptet, ein Zuckerbäcker, sondern ein Anthropologe verloren gegangen. Ganz manchmal lässt er in das Gespräch einflechten, der Mensch wäre eben ein „Zoon Politikon" also ein Gemeinschaftswesen... Ich nicht, denkt der geneigte Leser, ich will bloß eins: Meine Ruhe!

Wenn man ewig im Supermarkt in einer Schlange stehen und zuhören muss, wie sich andere Leute mit ihren Kindern streiten, wenn man in der U-Bahn eng gesteckt steht wie die Sardinen in einer Büchse, wenn einem kurz vor Ladenschluss ein Fürther Faschingstrupp am Kragen packt, einen am Endspurt in den Drogeriemarkt hindert, von vorne antrötet und von hinten Konfetti in den Mantel schüttet, der wünscht diese Zeitgenossen, die der liebe Gott in seinem Zorn erschaffen hat, auf den Mond. Und Leute, die die Gemeinschaft, außer vielleicht die ihres Computers, verweigern, nehmen ja immer mehr zu in dem Deutschland der Single-Haushalte: Abends nach der Arbeit hören sie bei der Zubereitung des Abendessens nicht die Musik und Stimmen der Kinder im Hintergrund, sondern das Geräusch einer unübertroffen vorhersehbaren TV-Serie, die wenigstens im Titel: „Freunde" oder „Verbotene Liebe" suggeriert. An Weihnachten gehen sie in die Kneipe oder die Bahnhofsmission und gewinnen der Freiheit und Ungebundenheit des Lebens durchaus positive Seiten ab. Der

Starke ist am mächtigsten allein! HAHA!! Sehr richtig! Solange man jung, gesund und talentiert ist, kann man mit viel Selbstverwirklichung, exzessiver Karriere und entsprechenden Lifestyle-Ergänzungsgemeinschaften ein flottes Ausgehleben führen. Aber ab Mitte 40, deutlich über 50, empfinden auch die von diesem Glanz bisher geblendeten Außenstehenden:

Man sieht die Playboys hier auf Erden,

im Alter recht humorlos werden.

Denn auf einmal wäre es doch schön, wenn man jemanden hätte, mit dem einen Kinder und gemeinsame Erinnerungen verbinden. Jemand, der sich nicht nur in Szenebars wichtigmacht, sondern Kamillentee kocht, wenn man krank ist. Aber woher nehmen, wenn nicht stehlen – jetzt noch? Auf einmal wird die Sehnsucht nach der großen Liebe ausgegraben, die man früher so furchtbar spießig fand, die Sehnsucht nach dem einen Menschen, der einen körperlich und seelisch auch ohne Toupet liebt.

Die Zeiten sind unsicher. Das stimmt immer, kann aber sein, dass sie noch ein bisschen unsicherer werden. Der allgemeine Wohlstand ist keine Selbstverständlichkeit mehr. Jetzt muss man doch wieder auf die Familie zurückgreifen: Das Geld, das man von einer Tante bekommt, die lieber mit der warmen als mit der kalten Hand gibt, ist hochwillkommen und auch gegen die kostenlose Kinderbetreuung der Oma, gegen den Onkel, der einem einen Job verschafft, hat niemand etwas einzuwenden. Plötzlich will keiner mehr etwas von einem wissen? Wieso das? WARUM?

Sollte die Familie doch kein Wohlfahrtsamt sein, sollte es so sein, dass, wer etwas herausholen will, auch etwas einzahlen muss?

Vielleicht zuerst Mal diese harte Erkenntnis: Ich bin auch nicht besser als die Verwandtschaft. Jawohl, denn Hochmut kommt nicht nur vor dem Fall, sondern auch vor der Vereinsamung. Klug ist, mit einem arglosen Herzen und einem Blumenstrauß die Hand auszustrecken nach dem Nächsten.

Denn das hat Jesus uns geraten:

Halt die Hand, die deine hält und sei heiter!

Immanuel Kant und die Schlange

„Am Tage von Sankt Barbara, da geht das Jahr zur Neige!" Ich sehe in die empörten Augen von Jana S. (ihr Mann ist wissenschaftlicher Rat an einer Universität). Das soll meine Nina auswendig lernen, ein Kind in der zweiten Klasse!?" Und mit einer Energie, die einer besseren Sache würdig gewesen wäre, rennt sie in die Sprechstunde, um die Lehrerin einen Kopf kürzer zu machen, die derart Unmögliches von ihrem Kind verlangt.

„Ein Kind weiß doch gar nicht, was das ist: Neige!", entrüstet sie sich.

„Sag's ihr!", rate ich. „Sag ihr: Zur Neige heißt: Zu Ende!"

„Warum muss man ein Kind verwirren, indem man zwei verschiedene Wörter für eine Sache einführt?", hält sie dagegen.

Verwirrt man das Kind mit mehr als einem Paar Schuhe, mit mehr als einer Benjamin-Blümchen-Kassette, mit mehr als einem Spielzeug?

Ein Blick in die Kinderzimmer vieler deutscher Kinder lässt unschwer vermuten, dass die Verwirrungstheorie hauptsächlich bei Schulangelegenheiten und da vor allem bei der Sprache zum Tragen kommt.

Die Sprache ist das Surfbrett, auf dem wir das Wasser des Lebens meistern. Die Sprache unserer Vorfahren ist das Erbe, das wir bereichert, beschnitten und umgestaltet an unsere Kinder weitergeben als wichtigstes, wertvollstes Werkzeug zur Bewältigung ihrer Wünsche, Gefühle, Ängste und Hoffnungen. Je besser dem Kind einmal diese, SEINE Sprache zur Verfügung steht, desto leichter wird es sich im Beruf und in der Liebe verständigen können, desto leichter werden sich ihm Erkenntnisse und Selbsterkenntnisse erschließen. Was fällt uns eigentlich ein, von einem Kind den Reichtum seiner Sprache weghalten zu wollen, wir – das Volk der Dichter und Denker?!

Nicht Obelix war, wie es im Comic behauptet wird, der Schrecken der Römer, die Germanen waren es, ein furchteinflößend tapferes Volk. Aber sobald man sich ein wenig ausruht, schon passiert es: Aus dem Ausruhen wird Trägheit, aus der Trägheit Unvermögen. Wie das Karnickel auf die Schlange starren wir angstvoll auf jede Anforderung zu geistiger Leistung und übertragen diese Lähmung auf unsere Kinder, wobei es in der Erziehung ABSOLUT kein schlimmeres Eigentor gibt, als Kinder für blöd zu halten! Unsere Kinder sind nicht dümmer als ihre Großeltern und Urgroßeltern.

Kürzlich sollte meine Tochter Franziska als Hausaufgabe die erste Strophe eines vierstrophigen Gedichtes auswendig lernen. Aus Gaudi lernte sie gleich das ganze Gedicht und marschierte siegessicher in die Schule, um damit Ehre einzulegen.

„Es ist aber auch leicht zu glänzen, wenn so wenig verlangt wird!", meinte mein Randolf. So ist es! Das Vorurteil von der eigenen Unfähigkeit hält schon in bessere Kreise Einzug. Kürzlich behauptete mein Bruder, der nicht zu den Dummen des Landes und eigentlich auch nicht zu den Ungebildeten gehört, dass man Kants *Ganze Kritik der reinen Vernunft* gar nicht verstehen könnte – nur weil er sie nicht verstanden hat! Den habe ich im Verdacht, dass er die *Ganze Kritik der reinen Vernunft* gar nicht zu Ende gelesen hat, um sich seinen Lieblingsthemen „Kunst und Kommerz" zuzuwenden. Es ist nämlich erstaunlich, was der Mensch alles zu Stande bringt, wenn er es wirklich will, doch dazu müsste er tun, was Kant ihm zugerufen hat:

„Habe den Mut, dich deines eigenen Verstandes zu bedienen!"

Mens sana in corpore sano – SIT!

„Aua, Mama!", beschwert sich meine Franziska und hält sich mit schmerzhaft verzogenem Gesicht das Steißbein. „Ich wollte auch mal schneller aus dem Bus herauskommen als die Elena, da bin ich gesprungen... aua!"

„Lass das!", meine ich wenig mitleidsvoll, in unguter Erinnerung an die Susi, die erst gestern in einem Anlauf vom Studio aus zwei Stockwerke in nahezu freiem Fall überwunden hat. Nur eine Hand flüchtig am Geländer, krachte sie auf der Parterre-Ebene mit dem von unten kommenden Daniel frontal zusammen.

„Ehji, Dany!", stotterte sie, während sie mit verdrehten Augen versuchte, die Orientierung zu behalten. „Wenn Du nicht gewesen wärst, wär ich bis nach ganz unten gestürzt."

„Ehji, Susi", antwortete er ungerührt. „Das wär geil gewesen."

Bei uns braucht man das Schwedenkraut zur Desinfektion von Wunden in großen Flaschen, die Kilometerwinde Hansaplast ist öfter im Gebrauch als das Speisesalz, und voller Stolz werden mir Zwei-Euro-Stück-große Beulen und Hörner präsentiert.

Mein Gatte Randolf erzählt mir mit leuchtenden Augen, dass einer seiner Gruppenleiter sich mit der Motorsäge den halben Finger abgesägt hat und den mühsam in der Klinik geflickten Finger drei Tage später schon wieder in der Tür einklemmte. „Ja, Wahnsinn" murmele ich, stark negativ beeindruckt von dieser Katastrophenlust. Davon sind alle Familienmitglieder – Daniel noch am wenigsten – infiziert und ich stehe daneben, um ab und zu ein unsicheres: „Krass, ehji..." einzuflechten.

Der Randolf hat eine schlecht verhüllte Vorliebe für Sportverletzungen, die er sich besonders dann zuzieht, wenn er gar keinen

Sport betreibt: Stürze bei dem Sprung über den Gartenzaun, unsanfte Öffnung des Küchenbuffets und Kollision mit vier Porzellantassen, Crash bei Regenwetter mit dem Rennrad, mit dem er durch zu spätes Bremsen hinten auf einen Lieferwagen geknallt ist: Drei gebrochene Rippen; Motorradunfall, Sanitäter, Polizei, Blaulicht, Zeugenaussagen – es war was geboten für ein paar lumpige Wirbelbrüche – beim Skifahren die Knie-, Steiß- und Schlüsselbeinverletzungen, der kleine Finger war schon drei Mal gebrochen...

Da in letzter Zeit nicht viel angefallen ist, nur Reißmatthias, Sehnenscheidenentzündung und Muskelkater, sieht er den Drachenfliegern sehnsüchtig nach. „Muss ein tolles Gefühl sein", überlegt er. „Der Jürgen war nach seinem letzten Absturz ein ganzes Jahr im Gips gelegen." „Komm schon", tröste ich ihn. „Man kann nicht alles haben!"

Ich habe keine Ahnung, wer die Idee in die Welt gesetzt hat, Sport, wenn er auch noch so schwachsinnig betrieben wird, wäre auf jeden Fall was Gutes und dazu noch für den Körper und Charakter irrsinnig gesund.

Vielleicht geht dieses Vorurteil auf ein bekanntes, lateinisches Sprichwort zurück. „Mens sana in corpore sano", das bedeutet: „Ein gesunder Geist in einem gesunden Körper". Typisch für diese Art Sentenzen ist auch hier, das Verb wegzulassen, was das Missverständnis aufwirft, es könnte sich bei dem fehlenden Wort um „est", also „ist" handeln. Dem, so werden die Lateinlehrer nie müde zu behaupten, ist aber ganz und gar nicht so.

Das fehlende Verb heißt „sit", also „sei". Da die Römer, vielleicht bis auf die letzte Zeit vor ihrem Untergang, insgesamt doch ein ziemlich logisches Volk waren, wäre es ihnen nie eingefallen, die Gesundheit des Körpers mit der geistigen Gesundheit automatisch gleichzusetzen. Wir wissen, dass es alte, kranke, gebrechliche

Menschen gibt, deren Geist und Seele eine Quelle des Trostes und der Weisheit sind, und andererseits laufen auch manchmal ein paar Bodybuilding gestählte Kerle herum, von denen man bei näherem Gespräch schon annehmen könnte, dass im geistigen Sinn die eine oder andere Schraube locker wäre...

Aber des Menschen Willen ist sein Himmelreich. An meiner Familie kann ich anschaulich beobachten, dass sich der Mensch begeistert zu seinem Vergnügen selbst ruiniert. Um die Oberschenkelmuskulatur zu stärken, wie er sagt, fährt der Randolf seit neuestem nur noch quasi stehend Motorrad und diese Anstrengung zeitigt auch prompt Erfolge: Er kann sich überhaupt nicht mehr rühren. Schwer stöhnend liegt er auf dem Sofa und sieht sich die Bundesliga an, als der Daniel mit der Franziska aus dem Hallenbad kommt. „Sie ist wieder vom Dreimeterbrett gesprungen", berichtet er stolz. „Und auf der großen Rutsche räumt sie alles ab. Sie hat eben vor gar nichts Angst."

Die Kleine grinst geschmeichelt, bevor sie vor Erschöpfung umfällt, während auf dem Bildschirm ein Fußballspieler mit schwerer Gehirnerschütterung und mindestens einem Bänderriss vom Platz getragen wird.

„Holst du mir ein Bier?", bittet der Randolf.

Jawohl, sehr gerne.

Andererseits: Was bleibt mir auch anderes übrig? Ich bin die einzige, die es noch kann!

Kabale und Schönheit...

Frei nach Schiller

„ ...nicht ihres Wesens schöner Außenschein,

die Reize nicht, die auf der Wange schweben,

selbst nicht der Glanz der göttlichen Gestalt:

Es war ihr tiefstes und geheimstes Leben

was mich ergriff mit heiliger Gewalt,

wie Zaubers Kräfte unbegreiflich weben."

Friedrich Schiller war ein kühner, unabhängiger Geist, keiner hat je so rücksichtslos auf die geistige Mode der Zeit gepfiffen wie er. Man fühlt, dass er auch in diesem persönlichen Liebesgedicht, das ein paar Zeilen weiter nicht ohne Grund mit den Worten

„ ... und klar auf einmal fühlt ich`s in mir werden:

Die ist es – oder keine sonst auf Erden!"

schließt, dass er auch in diesem Gedicht so sehr Revolutionär ist, wie immer, als er es ausspricht: Es ist NICHT die äußere Schönheit entscheidend, ob man liebt oder geliebt wird! Das war schon damals eine ungeheure Aussage. Sollte der Tanz um das Goldene Kalb, der um die äußere Schönheit veranstaltet wird, wirklich gar nicht relevant sein?

Mein Opa war klein und dick, er hatte eine Glatze und ein Glasauge, trotzdem hatten Zeit seines Lebens alle Kinder, Hunde und Katzen ein geradezu märchenhaftes Vertrauen zu ihm. Er heiratete dreimal – zweimal als Witwer – und hätte das noch öfter tun können, an mangelnder Nachfrage jedenfalls hat es nicht gelegen. Er war nicht schön, aber herzlich, heiter, nobel, gereift, humorvoll, großzügig – wie sollte er in dieser oft kahlen und berechnenden Welt nicht reichlich Zuspruch gefunden haben?! Innerlich war er viel schöner als äußerlich, was man von den meisten Reality-Shows, die gerade grassieren, nicht ohne weiteres behaupten kann. Sie werden mit jedem Tag grauslicher.

Einen der vielen Gipfel der Geschmacklosigkeit und Niedertracht hat die Sendung „The Swan" erklommen. Gesunde, junge, gut gebaute Frauen werden wochenlang mittels Kampfdiäten, sehr vielen Schönheitsoperationen und Hau-drauf-und-Schluss-Typveränderungen in das verwandelt, was die Macher der Sendung dann „The Swan" nennen. Aber was am Schluss zu sehen ist, für jeden normal sichtigen Menschen, ist kein Schwan, sondern ein Zombie und sogar ein Blinder mit Krückstock ohne Laterne würde mitten in der Nacht klar und mühelos an dem auf ewig festgetackerten Grinsen der armen Frau, an den Michael-Jackson-artig entstellten Gesichtszügen und an dem stummen Schrei in den künstlich aufgerissenen Augen erkennen, dass die Frau verzweifelt ist. Mit Sicherheit eine äußerst natürliche Reaktion angesichts der Tatsache, dass man ihr gerade einen Teil ihrer Identität gestohlen hat – und dass sie sich sagen muss, dass sie so pervers war, dazu „ja" zu sagen, macht die Sache nicht besser.

„Gott schuf den Menschen ihm zum Bilde, zum Bilde Gottes schuf er ihn, und er schuf sie als Mann und Frau". Ja, Gott schuf den Menschen ihm zum Bilde, aber das reicht vielen Menschen heute nicht mehr, das ist nicht schön genug, nicht groß, schlank, extrem genug und also geht er daran, sich in eine Art Frankensteins Monster umzuschaffen und erfährt dabei seelisch – denn der Mensch ist eine Einheit – den Turmbau zu Babel, die totale Verwirrung und Verirrung. Denn wenn der Mensch erst einmal den Irrweg eingeschlagen hat, auf dieser verhängnisvollen Seite der Körperlichkeit seine Lust, sein Glück, ja seinen SINN zu suchen, dann ist er schon verloren, dann wird Zeit seines Lebens nichts mehr perfekt genug sein. Die ganz normale Zeit tut dann natürlich noch das ihre dazu – und Mephisto reibt sich die Hände:

„ … Er soll mir zappeln, starren, kleben

und seiner Unersättlichkeit

soll Speis und Trank vor gier'gen Lippen schweben;

er wird Erquickung sich umsonst erflehn.

Und hätt er sich auch nicht dem Teufel übergeben:

Er müsste doch zugrunde gehen!"

(Johann Wolfgang von Goethe)

Mit Nachdruck: Es wird nichts nützen. Gott ist Geist, und im Geist und in der Wahrheit muss der Mensch seine Sehnsucht nach der Transzendenz leben. Wenn er versucht, sie materiell zu leben, wird er in die Irre gehen und immer unglücklicher werden. Freilich sammelt der Geizige seine Schätze, weil er in ihnen Glanz und Sicherheit, ja sogar Geborgenheit wähnt. Aber das kalte Metall ist, wie alle Götzen, starr und tot und kann nicht helfen, wenn er leiden und sterben muss.

Der vergötterte Körper wird vergehen, unaufhaltsam, und der Ruhm des Ehrgeizigen, der seinen Namen in Stein gehauen sieht, muss feststellen, dass er doch nur in Seesand geschrieben ist, mit der nächsten Welle ist er verschwunden!

Wir sind nicht unser Körper – aber sind wir nicht unser Körper?

Genau, lassen wir ihn also! Und plötzlich wird das Gras wieder grün und alle Vögel singen. Es wird ein wunderbares Leben. Denn jeder Tag ist ein guter Tag. Wir müssen ihn nur kommen lassen, heiter und dankbar. Und jeder Mensch besitzt Schönheit, wir müssen sie nur entdecken!

Weihnachten und mehr

Weihnachten ist in den letzten Jahren etwas in Verruf geraten. Die Auswüchse der vielerorts beliebten Konsumorgien dienen den Weihnachtsgegnern als Anlass, das ganze Fest mit einem pauschalen: „Alles nur Geldschneiderei!" abzuurteilen.

An Weihnachten zeigt sich noch mehr als sonst, dass Weltanschauung wirklich Weltgestaltung ist. Jemand, der hauptsächlich den materiellen Wert der Dinge sieht, wird ihn auch an Weihnachten sehen, entweder positiv: „JUHUU, da gibt es viele Geschenke!" oder negativ: „Dieser Konsumterror, überfüllte Kaufhäuser mit ihrem verlogenen Jingle-Bells Gedudel! Igitt!"

Diejenigen, für die Weihnachten in erster Linie Familie bedeutet, werden gerade das als das Entscheidende an Weihnachten sehen, entweder negativ: „Oh Hilfe! Das ganze Weihnachten ist furchtbar, da rollt regelmäßig die Verwandtschaft an, frisst die Vorräte leer, qualmt einem die Bude voll und streitet auf Teufel komm raus! Ich fahr in die Karibik!" oder positiv: „Endlich haben wir mal alle richtig Zeit füreinander. Man sieht sich ja so selten, da können wir stundenlang reden, singen, feiern. Wenn wir alle zusammen sind – das ist Weihnachten!"

Manche sehen Weihnachten nur unter dem Aspekt der Freizeit: „Zwei Wochen Urlaub! Da hat die Firma zu, ich kann mal zwei Wochen machen, was ich will. Was gibt es Schöneres!" oder andersherum: „Alle sind weggefahren, nichts ist los. Mir ist so langweilig."

Was ist der entscheidende Unterschied dazu, ob wir die Begleiterscheinungen von Weihnachten positiv oder negativ sehen? Der Unterschied ist der Grund, aus dem heraus wir Weihnachten feiern: Christus ist zu unserer endgültigen Rettung in die Welt gekommen, wir feiern den schönsten Geburtstag des ganzen Jahres, zu dem wir alle eingeladen sind für alle Zeit und Ewigkeit.

Wer das nicht glaubt, der braucht eigentlich gar nicht Weihnachten feiern, für den ist Weihnachten zumindest überflüssig, wenn nicht lästig, bedrohlich, enervierend.

Wer aber Grund hat, Weihnachten zu feiern, der kann und darf auch ruhig Geschenke verpacken, die Verwandtschaft umarmen, die freie Zeit genießen und dieses innerste von allen Festen mit allem äußerlichen Glanz ausstatten, wie es auch am Anfang war, als Gott den Himmel erhellt hat mit der „Menge der himmlischen Heerscharen" und dem Engel mit der uralten und immer neuen Botschaft:

„Fürchtet euch nicht! Denn siehe, ich verkünde euch

große Freude, die allem Volk widerfahren wird.

Denn euch ist heute der Heiland geboren."

Fröhliche Weihnachten!

Oh Tannenbaum

Als mein Bruder Frieder endlich mit vollem Körpereinsatz die Tür zum Wohnzimmer in der Kaiserstraße aufgewuchtet hatte, stand er unvermittelt im Wald. Umgeben von stacheligen Fichtenzweigen suchte er armrudernd freie Sicht zu gewinnen, um sogleich begeistert auszurufen: „Das ist der Beweis! Der Randolf ist größenwahnsinnig!" (Die Begeisterung in seiner Stimme rührte daher, dass ihn Größenwahn sowieso immer begeisterte, auf Grund von Seelenverwandtschaft.)

Objektiv betrachtet war der Baum für unser Wohnzimmer, das den unglücklichen Grundriss eines Schlauches hatte, ein wenig zu groß, wenn auch nicht der Preis – der Randolf hatte die widerspenstige Fichte wenige Stunden vor dem Fest einem frierenden Christbaumverkäufer für 20 Mark abgehandelt. Aber man kann auch sagen, dass unser Wohnzimmer für den Baum etwas zu klein war, und dass die stolze Baumgröße – trotz Schwierigkeiten, wenn man aus dem Zimmer wollte, um z. B. aufs Klo zu gehen – doch die Vision besserer Umstände symbolisierte.

Der Randolf steht mit weitem Abstand an der Spitze der Christbaumfraktion „Attacke", deren Motto ein unausgesprochenes „Wie der Christbaum, so ist unser Leben" lautet.

Wenn der Randolf den Christbaumstand entert, erkundigt er sich bei dem Verkäufer:

„Hammer an g'scheiten Christbaum?"

„Jo – an studierten hob i net."

„Welche Größe hams denn?"

„Wie groß brauch man denn?"

„2,50 bis 3 Meter mindestens."

„San Sie von der Stadt?"

Oh nein! Er ist nicht von der Stadtverwaltung, er hat auch kein Feuerwehrauto, um den Baum aufzustellen, will ich einwerfen, aber bei dem geringsten Räuspern von meiner Seite wirft er mir einen kalten, äußerst unweihnachtlichen Blick zu, der mich sofort zum Schweigen bringt.

Seit zehn Jahren nimmt er zum Baumkaufen ein begeisterungs-fähiges (vorzugsweise das jüngste) Kind mit, das dann jubelnd heimkommt: „Mama, wir haben ihn! Wir haben den alleraller-tollsten Christbaum!"

Ich halte mich am Türrahmen fest, als ich die Bescherung sehe. Seit der Geburt von der Franziska fährt der Randolf den volu-minösen BMW 740i, der gute fünf Meter misst – und dem Baum, den er oben drauf geschnallt hat, fehlt zu diesem Gardemaß hinten und vorne nicht viel. Ich weiß sofort: Jetzt ist's passiert. Das ist der ultimative Christbaum-Gau!

„Um Gottes Willen, was sagt denn Ihre Frau dazu?" erkundigt sich unser Nachbar Opa Grundig, worauf der Randolf

„Ha, die ist Kummer gewöhnt!"

zurückgibt und tröstend anfügt: „Da säg' ich unten ein kleines Stück ab – und schon passt's wieder."

Das war ein bisschen untertrieben. Er sägte unten UND oben ein ziemlich großes Stück ab, worauf das Tannenmittelstück ABSOLUT jeden freien Quadratzentimeter unseres Wohnzimmers in der Junkerstraße ausfüllte. Wir hängten alles dran, was wir hatten, unter anderem 120 Christbaumkugeln – und es sah noch keineswegs überladen aus.

Bei Familie Striezel läuft das ein bisschen anders, hat uns der Daniel von der Familie seines Freundes Andreas erzählt:

„Also, Mama, du kannst es dir echt nicht vorstellen..." (Lachkrampf), „... die kaufen einen Baum, der ist so groß..." (er deutet eine Höhe von 75 cm an), „... stellen ihn auf einen Stuhl, damit man ihn überhaupt sieht! Auf einen STUHL..." (Lachkrampf), „... beleuchten künstlich, die haben ungefähr zehn elektrische Kerzen drauf – und dann... dann... stellen sie einen Eimer Wasser daneben... falls es... falls es BRENNT" (ultimative Heiterkeit).

Erst ganz am Ende mit über 70 hat sich der Opa einen Baum aus immergrüner Kunsttanne angeschafft, zusammenklappbar, der schon fertig geschmückt jedes Weihnachtsfest wieder aus dem Schrank geholt wurde. Die bunte Lichterkette wurde angeschlossen, und wir wurden aufgefordert, diese seltene Symbiose aus Schönheit und Pflegeleichtigkeit zu bewundern. Aber da hatten er und Paula schon ein langes, reiches Leben voll abenteuerlicher Christbäume hinter sich und genossen die Stille des Jetzigen und die Erinnerung an alles, was war.

Was ist eigentlich ein Christbaum? Ein Scherzartikel wie bei Striezels? Ein Dekorationsartikel wie bei vielen? Ein Symbol des Größenwahns? Auf den alten Bildern, die die Kreuzigung darstellen, ist unter dem Kreuz oft ein freier Platz gelassen. Dieser Platz ist für den Betrachter.

Genauso nimmt der Christbaum den freien Platz im Haus ein als Symbol für das Licht, das mit Christus in unsere Welt gekommen ist. Und so gesehen, kann er doch eigentlich gar nicht groß genug sein. Entweder man wohnt so, dass auch für einen Christbaum samt Weihnachtskrippe noch ordentlich Platz ist, oder es lohnt sich gar nicht zu wohnen!

Also, liebe Leute, werft ein bisschen Sperrmüll raus, rückt die Möbel an die Wand, denn Welt ging zwar verloren, aber Christ ist geboren! Wenn das kein Grund zum Feiern ist!

Oh Tannenbaum!

Rund um die Kugel

Was müsste ein Außerirdischer denken, der zufällig an unserer Erde vorbeikommt und der allerorts riesiger Fußballstadien ansichtig wird, die bis zu 100.000 Besucher fassen und wo in Abständen tobende Feste abgehalten werden? Er würde denken, wir huldigen dem Gott der Kugel! Vielleicht würde er verständnisvoll lächeln bei dem Gedanken, dass wir witziger Weise eine kleine symbolische Weltkugel ins Spiel gebracht haben, um die gekämpft wird.

Und nicht nur, weil sie rollt: Wir Menschen lieben die Kugel, den Ball wie närrisch: Der Ball wird auf das Tor geschossen, durch Körbe geworfen, über Tennis- und Tischtennisnetze geschlagen, er feiert als Wasserball, Strandvolleyball, ja sogar als Polo hoch zu Pferd Triumphe – und ein wahrer Maharadscha spielt immer noch Elefanten-Polo. Beim Roulette kommt es auf eine winzige Kugel an, bei der es um gewaltige Summen geht, die Kinder hüten ihre Schusser und die Frauen lieben ihre Perlen. Der Hype um die Kugel als Buchstütze, Lampenschirm, Klangkugel oder Schlüsselanhänger ist uns so selbstverständlich, dass wir ihn gar nicht mehr bemerken – bis auf Weihnachten vielleicht, wo der Wahnsinn mit der Kugel in ein berauschendes Finale mündet!

Im Jahr 1969, als ich den Sohn unserer Siebenbürger-Nachbarn, den Hansi, näher kennen lernte, lud er mich herzlich zu sich nach Hause ein, um mir die weihnachtliche Pracht seines Wohnzimmers vorzuführen. Mühevoll blinzelnd stand ich vor einer gewaltigen Tanne, aus der absolut nichts Grünes mehr durchblitzte.

„Wir haben zehn Päckchen Lametta gekauft, mein Daddy und ich", berichtete Hansi stolz und das hatten sie, so wie es war, in ganzen Packen auf den Baum montiert, etwa so, als wollte man ein

Dach decken: Ziegel an Ziegel. Darüber schrillten große, leuchtende Christbaumkugeln in psychedelischen Farben, z. B. in türkis, hellgrün, pink und neonorange; ausschweifende Perlenketten hingen schwer von den überlasteten Ästen herab, gleich vier unterschiedlich farbige Lichterketten blinkten hektisch wie das Cockpit eines Flugzeugs kurz vor dem Absturz. Der Teppich davor schrie einen in 17 synthetischen Farben an, und der neue Farbfernseher flimmerte und dröhnte in voller Lautstärke: Es lief Tarzan.

Meine Mutter fragte mich, wie es mir gefallen hätte, und ich weiß noch, dass ich nicht im Stande war, für das, was mir passiert war, irgendein Wort zu finden: Ich hatte stechende Kopfschmerzen und glühende Ohren. Aber auch unser Haus hatte einen niederschmetternden Eindruck auf Hansi gemacht, wie mir seine Mutter Jahre später erzählt hat. Mit Tränen des Zorns und des Mitleids in den Augen wäre der Hansi heimgekommen und hatte den erbarmungswürdigen Augenzeugenbericht abgeliefert: „Es ist furchtbar! Ihr Vater hat keine Arbeit, sie haben nichts zu essen, nur ein paar alte Äpfel – und keine Christbaumkugeln! Sie mussten sich aus Stroh irgendetwas selber machen!" Genau! Man kann es auch übertreiben mit dem Stilempfinden!

In Wahrheit braucht ein Christbaum kein Stilempfinden, sondern Platz, Pluralismus – und genug Kugeln. Natürlich gehen immer mal wieder ein paar Kugeln kaputt, ein paar werden mit Silberstiften verziert und verschenkt, es kommen neue dazu und so entsteht im Laufe der Zeit eine Art Familienschatz an Christbaumschmuck, der alljährlich schon beim Auspacken ein inniges Entzücken an Erinnerungen auslöst. „Schau mal da! Das habe ich 1989 beim Staudt gekauft. Da waren Sonne, Mond und Sterne modern, das hab ich von Deiner Mutter und dies von Tante Anneliese...". Uns begegnet sogar alle Jahre wieder eine Art monströser „Fußball" in stark glänzendem Plastikrot, auf dem in

Flockprint die goldene Aufschrift „Joyeux Noel" prangt, und den uns mein Bruder seinerzeit aus Frankreich mitgebracht hat.

Vor dieser Kugel hat noch jeder Ast und all unser Stilempfinden kapituliert, aber bis auf diesen Fußball: Nirgends als an einem Christbaum wird der familien- ja völkerübergreifende Charakter des alles mit Einbeziehens so deutlich, nirgends sonst wird die Versöhnung zwischen neu und alt, Natur und Plastik, schrill und dezent, Silber und Altgold, Engeln, Schleifen, Kugeln und Glöckchen so wunderbar sichtbar wie an einem Christbaum.

Es ist wirklich nicht der Augenblick, mit starrsinnigen Geschmacksverordnungen die große Gemeinschaft zu boykottieren. Wer einmal erlebt hat, wie aus der geheimnisvoll funkelnden Vielfalt plötzlich ein wunderbar verschmolzenes, großes Ganzes wird, hört es – noch vor dem ersten Lied – förmlich zwischen den Zweigen hervor flüstern:

„... und alsbald war da bei dem Engel die Menge der himmlischen Heerscharen, die lobten Gott und sprachen:

Ehre sei Gott in der Höhe und Friede auf Erden und den Menschen ein Wohlgefallen!"

Kommt von Herzen oder Die Kunst des Schenkens

Alle Jahre wieder – kommt das Christuskind. Ach, das waren noch Zeiten, als es alle Jahre wieder geschenke-, plätzchen- und segenbringend so ganz von allein wiederkehrte. Zwar hat die Weihnachtszeit für mich nichts von ihrem Zauber eingebüßt, aber auch für mich gilt wie für alle Erwachsene die harte Grundregel:

Von nichts kommt nichts!

Es genügt eben nicht, Mann und Kinder, Eltern und Schwiegereltern, Tanten, Schwager, Geschwister, Freunde und Oma lieb zu haben; man muss seine überschwappenden Gefühle in Geschenke kleiden. Alle Jahre wieder kämpfe ich bei meiner Bemühung, das Problem rechtzeitig anzugehen, mit der sonst ganz untypischen Lethargie von meinem Ehemann Randolf, die in ihrer Schwere und Ausgeprägtheit fast fränkisch wirkt.

Geschenke?! Nun gut! Er gedenkt einen (!) Geschenketag so um den vierten Advent einzulegen, mit dem deutlichen Hinweis auf die Tatsache, dass die Läden ja auch am Weihnachtsmorgen noch geöffnet hätten. Da also würde er mit seiner gesamten Barschaft von 50 Euro in die Stadt gehen, um Geschenke einzukaufen, die seine und meine Verwandtschaft überhäufen. In seiner verschwenderischen Kalkulation rechnet er aber eigentlich auch noch damit, mich von dem Restgeld zum Essen einladen zu können. Menschen von weniger genialer und entschlussfreudiger Art, ich z. B., legen sich beizeiten eine Liste an – und schon gehen die Schwierigkeiten los: Soll man dem Onkel, der seine Wohnung bis zur Funktionsunfähigkeit mit Schneekugeln vollgestopft hat, neue Hausschuhe schenken (seine alten haben Löcher) oder vielleicht ein Buch

(Bücher hat er so gut wie keine), oder einen Gymnastikkurs (damit er mal an was anderes denkt als an Schneekugeln)? Bloß nicht!!!

Faustregel: Man eruiere, wovon der zu Beschenkende am meisten hat und schenke ihm schamlos noch mehr davon. Helle Begeisterung wird es einem danken. Die beste Freundin von Franziska heißt Jenny und besitzt – niedrige Schätzung – 97 Radiergummis. Wenn es ihr schlecht geht, suchen sie archaische Ängste heim, es wäre ihr ein Radiergummi geklaut worden. Es ist klar, was hier Not tut!

Auch der Cohiba-Zigarren-Fanatiker möchte keine Doppel CD mit dem Titel „In einer Woche zum Nichtraucher" geschenkt bekommen, und der Schwager, der seinen intellektuellen Bedarf mit Asterix und Sport-Bild deckt, wird jetzt nicht urplötzlich Sophokles lesen.

Allein die Verliebten stehen lächelnd über allen Sorgen und Regeln, denn für sie ist alles wunderbar! Was sie geben und was sie bekommen. Genau so soll ein Geschenk sein: Von Herzen soll es kommen und zu Herzen soll es gehen!

Was schenken wir an Weihnachten, dem wichtigsten Geburtstag im ganzen Jahr, dem Geburtstagskind Jesus?! Unser Geld, um einem Bedürftigen zu helfen, unsere Zeit, um jemand, der ein offenes Ohr sucht, zuzuhören, Jesus selbst ein ungeteiltes, aufrichtiges Herz – und die Freude, die wir zurückbekommen:

Das ist Weihnachten!

Frohes Fest!

Die gute Zeit

„Heute!", denke ich sofort, als ich aufwache, um 6.00 Uhr, „Heute ist es soweit! Weihnachten! Die Nerven behalten! Vor allem ruhig Blut und mit System und mit Bedacht!"

Schon Anfang Oktober machen einen die Nikoläuse und Dominosteine im Supermarkt auf das bevorstehende Fest aufmerksam, und seit diesem Zeitpunkt, Anfang Oktober, bäckt die Franziska, eine Backfanatikerin der Sonderklasse, Plätzchen für alle ihre Freunde und Freundinnen, deren genaue Zahl zu erfassen mir noch nie gelungen ist. Seit Anfang Oktober habe ich Pläne gemacht, Geschenke eingekauft, Päckchen verschickt und Adventskalender gebastelt. Jetzt ist der entscheidende Tag da.

Schon auf der Treppe rutsche ich fast auf einem walnussgroßen Holzstück aus, das beim besten Willen nicht mehr unter die Kategorie „Sägespäne" fällt: Aber genau das ist es! Auf dem Teppichboden im Flur, in der Küche und im Wohnzimmer sieht es aus wie nach dem Holzhacken. Die Axt liegt auch noch sehr dekorativ daneben und hat offenbar ihren Zweck erfüllt. Es muss dem Randolf gestern Nacht noch gelungen sein, den riesigen Baum so zu kürzen, dass er in das Wohnzimmer und den Stamm so anzuspitzen, dass er in den Christbaumständer passt. Ein Baum nach seinem und Franziskas Herzen: Groß, ausladend, urwüchsig, ein ganzer Wald von einem Baum. Ich überlege gerade, wie lange es dauern wird, bis ich die Holzhackerspuren beseitigt haben werde, da höre ich auch schon in meinem Rücken die Antwort vom Randolf: „Fünf Minuten, mein Mäuslein, nur einmal kurz durchsaugen." Ich habe keine Ahnung, was er unter fünf Minuten versteht und auch keine Ahnung, wie wir bis heute Abend Baum schmücken, Krippe aufstellen, Geschenke sortieren und Abendessen vorbereiten sollen.

An keinem anderen Tag im Jahr rennt die Zeit so uneinholbar davon, wie an diesem. Astrid Lindgren schreibt in ihrem Buch: „Weihnachten in Bullerbü", dass die Zeit, in der ein Kind auf das Christkind wartet, länger dauert als die Ewigkeit, so lange, dass man davon graue Haare kriegen kann.

Vielleicht ist das bei anderen Familien so, dass die Kinder die Zeit bis Heilig Abend mit Warten verbringen; unsere fahren zu vollem Aktionismus auf. Die Susi, strahlend optimistisch in dem neuen Kleid und die Franziska – barfuß, noch im getupften Bikini und Minirock, im Nahkampf mit dem Backofen – haben sich in der Küche verbarrikadiert. „Du darfst hier nicht rein, Mama... Kannst du bitte mal mit Staubsaugen aufhören, man versteht ABSOLUT kein Wort mehr", schreit die Kleine, während die Susi, um den Staubsauger zu übertönen, den Kassettenrecorder lauter stellt. Meine Einwände: „Aber der Fußboden... und das Mittagessen", gehen im Rauschen unter.

Gerade als ich mit dem Randolf die Arbeitsteilung besprechen will, erklärt er mir, jetzt gleich in die Stadt fahren zu müssen.

„Warum?", frage ich alarmiert.

„Überraschung!", grinst er.

Als um 13.00 Uhr der Daniel anruft, dass er mit seiner Mitfahrgelegenheit im Stau steckt und es wahrscheinlich nicht mehr rechtzeitig zum Gottesdienst schaffen wird, sinkt die Stimmung auf den Tiefpunkt. WARUM können die Dinge nicht einmal so klappen, wie man sie geplant hat? Warum ist immer so wenig Zeit da?

Ist immer so wenig Zeit da? Genauso wie die Schönheit im Auge des Betrachters liegt, liegt das, wie wir die Zeit empfinden, in den persönlichen Umständen. 20 Minuten während einer Zahnarztsitzung können sich zu einer Ewigkeit auswachsen, wobei im Gespräch mit einer guten Freundin zwei Stunden wie im Flug vergehen. Eine gute Zeit haben wir in der Natur oder beim Sport, bei fruchtbarer Arbeit, in der Kunst, der Liebe und im Gebet; eine schlechte Zeit bei Streit, Überanstrengung, Stress und Missverständnissen. Und doch ist uns – auch an Weihnachten – jeden Tag eine Zeit von 24 Stunden gegeben. Jetzt ist es an uns, eine gute Zeit daraus zu machen. Es steht nirgendwo, dass es nur dann ein vollgültiges Weihnachten ist, wenn wir ein Abendessen mit goldenen Platztellern haben. Wenn wir die im Keller jetzt nicht finden, dann finden wir sie eben nicht.

In der Kirche sitze ich zwischen meiner Schwiegermutter und dem Randolf, als sich der Daniel, erleichtert lächelnd, durch die Reihe kämpft, die Oma umarmt und zwischen seinen Schwestern Platz nimmt. Es ist schön, dass er da ist. Aber mein Blick verweilt in dem schimmernden Gold der Sterne am Christbaum, die sich im Halbdunkel vor dem Altarraum leicht bewegen.

Die unwiderruflich schönste Stunde im Jahr, der Weihnachtsgottesdienst, hat angefangen.

Mir fällt ein Vers von Andreas Gryphius ein:

„Mein sind die Jahre nicht, die mir die Zeit genommen.

Mein sind die Jahre nicht, die etwa möchten kommen.

Der Augenblick ist mein, und nehm ich den in acht,

So ist der mein, der Zeit und Ewigkeit gemacht."

Fröhliche Weihnachten!

Überraschung!

Es war ein Weihnachten der Enttäuschung! Mein Bruder hatte mir lange im Voraus ein ganz besonderes Geschenk angekündigt, und als ich es auspackte, hielt ich eine Dose in der Hand, die einige gesteinsähnliche Brocken enthielt. Auf dem beiliegenden Brief wurden sie mir als eigenes Originalrezept „Gesundheitsplätzchen" beschrieben, ohne Fett, Zucker, Nüsse und Rosinen gebacken. Ich versuchte hineinzubeißen... und verstand unschwer, dass dieser Abschreckungskeks deswegen so gesund war, weil er einen von Plätzchen nachhaltig kurierte. Von meiner Omi bekam ich Geschirrtücher geschenkt „grün, das ist doch deine Lieblingsfarbe", die auch keine Euphorie auslösten, und als ich die Schmuckschachtel eines lieben Menschen öffnete und das unspektakuläre Kreuz aus Lapislazuli herausnahm, sah ich es im Geist schon für alle Zeiten in den Tiefen des Schmuckschranks verschwinden. Den Vogel schoss meine Schwiegermutter ab, als sie angesichts der Weihnachtstafel, die in Rot und Gold geschmückt war, zu mir bemerkte: „Du weißt ja endlich, wie man nen schönen Tisch deckt." Au weia!

Zum Glück waren die Hirten auf dem Feld anders geartet als ich, als ihnen der Engel die Geburt des Heilands ankündigte: „Ich verkündige euch GROSSE FREUDE, die ALLEM VOLK widerfahren wird."

Sonst hätten die Hirten auch herumgemosert: „Was machen denn diese Engel hier mitten in der Nacht für einen Rabatz!? Das ist ja Ruhestörung! Und das da soll der Heiland sein? Einfach bloß ein Baby von ganz gewöhnlichen Eltern in einem ärmlichen Stall? Gehen wir wieder!" Aber sie glaubten an das Wunder, brachten dem Kind, was sie hatten und beteten es an.

Tatsächlich haben sich die Gesteinskekse als Party-Gag erwiesen, mit denen man, indem jeder Gast einmal kostenlos seine Gebissfestigkeit testete, viele Lacher ernten konnte. Die zur Küche passenden Geschirrtücher freuen mich jedes Mal, wenn ich sie aus dem Schrank nehme und das blaue Kreuz, das zu fast allem passt, hatte ich inzwischen so oft an, dass es sich sicher abgenutzt hätte, wenn Stein und Goldfassung nicht echt und gut verarbeitet wären.

Auch sonst im Leben ist es gut, der Überraschung öfter eine Chance zu geben: Eine zusätzliche Aufgabe kann ein unerwarteter Erfolg werden, richtig angenommen können sogar eine Krankheit oder der Tod eines Angehörigen eine Besinnung aufs Wesentliche und dadurch ein neues, intensives Lebensgefühl bewirken. Und eine ungeplante Schwangerschaft bringt vielleicht das Kind, das die Familie erst komplett macht und das man sich im Leben nie mehr wegdenken will.

So ähnlich, wie man es der unscheinbaren Tulpenzwiebel nicht ansieht, welch prächtige Blüte aus ihr entstehen wird, können wir das Potenzial der Überraschungen, die uns passieren, nicht sehen. Ein jüdischer Witz lautet: Ein Mann betete viele Jahre inbrünstig jeden Tag um einen Lottogewinn. Eines Tages hörte er die Stimme des Herrn: „Jossele, gib mir eine Chance! KAUF EIN LOS!" Wenn wir im übertragenen Sinn ein Los kaufen, indem wir der Weihnachtsüberraschung Raum geben, sich zur Freude zu entfalten und uns, den Segen zu spüren, den Kurzzeitsegen, aber genauso den Langzeitsegen, erleben wir vielleicht, was Else Hueck-Dehio gemeint hat, als sie sagte:

„Auch unbedeutende Fehlleistungen kann Gott gebrauchen,
um seinen Kindern aus seinem Überfluss zu schenken
– nicht nur das Gute, sondern auch das Schöne."

Fröhliche Weihnachten!

Mut zum Widerstand

„Das Leben", behauptet ein modernes Sprichwort „ist immer lebensgefährlich." Vor ein paar Jahren lauerten drei Männer, leicht angetrunken, einem nichtsahnenden Passanten auf, den sie überfallen wollten. Sie forderten ihn auf, seine Brieftasche herauszurücken. Anstatt dieser freundlichen Bitte Folge zu leisten, entgegnete ihnen dieser Mensch, dass er Karatelehrer wäre und sie möchten ihm aus dem Wege gehen. Durch diese Antwort nicht entmutigt, gingen die wackeren Räuber zum Angriff über, worauf sie die schlimmsten Prügel ihres Lebens bezogen. Die Empörung schlug bei den Herrschaften selbstverständlich hohe Wellen. Mit wackligen Zähnen und blutigen Nasen wurden sie also im Polizeirevier vorstellig, erzählten genau den Tathergang, um eine Körperverletzung gegen Unbekannt anzuzeigen. Und obwohl es schon ziemlich spät war, erkannte der diensthabende Polizei-hauptmeister klar und mühelos die Tatsachenverdrehung des Täter-Opfer-Verhältnisses in ihrer Berichterstattung und ermög-lichte ihnen ein Zimmer mit Bett auf Staatskosten, damit sie am nächsten Morgen gleich der Polizei bei den Ermittlungen helfen konnten, stationär sozusagen.

In der Zelle sollen sie dann noch lautstark randaliert haben: „Das ist UNGERECHT!! Wir haben doch nichts gemacht! WARUM?!!"

Wo Erkenntnis und Erziehung fehlen, müssen Grenzen und Widerstände von außen wirksam werden. Soll man den Teenagern an der Bushaltestelle, die ihre leere Zigarettenpackung direkt NEBEN den Papierkorb auf den Boden werfen, sagen, dass die Schachtel IN den Mülleimer gehört oder einfach weitergehen? Man muss es sagen, wenn man für andere ein Halt und für sich selbst ein aufrechter Mensch sein will. Bei Kleinigkeiten fängt es an. Die Vielen, die immer absichtlich nichts gesehen haben, ermöglichen durch ihr „gewähren lassen" erst, dass sich unsoziales Verhalten immer mehr durchsetzt, ja, dass dieses Verhalten in einer beispiellosen Perversion des Rechtsbegriffs als „mein gutes Recht" gilt – wie die Gesinnung der verprügelten Räuber zeigt, die meinten, sie hätten während des Ausraubens ihres Mitmenschen ein Recht auf körperliche Unversehrtheit, der andere aber kein Recht auf Notwehr.

Zweifellos riskieren wir etwas, wenn wir uns einmischen. Das zu verharmlosen ginge an der Realität vorbei. Was wäre aber, wenn wir uns gar nicht einmischen dürften – wenn wir von einem tyrannischen Staat, der sich selbst wie der schlimmste Terrorist aufführt, zum Stillhalten gezwungen wären? Es hat solche Regime gegeben und es gibt sie noch. Wir leben in einem freien Land. Nicht nur die Polizei, sondern jeder Einzelne ist bei uns aufgerufen, die Freiheit zu verteidigen, indem er für die Gerechtigkeit eintritt. Denn diese Eigenverantwortlichkeit ist das Merkmal der Freiheit, wie es der Dichter und Jurist Theodor Storm formuliert hat:

„Der eine fragt: Was kommt danach?

Der andre fragt nur: Ist es recht?

Und also unterscheidet sich

der Freie von dem Knecht. "

Ein großes Vorbild in Sachen Mut zum Widerstand, oder wie man heute sagt, Zivilcourage, haben wir in einem Mann, dessen Geburtstag sich in diesen Tagen jährt. Mit einer erhebenden Gleichgültigkeit gegenüber den gesellschaftlichen Moden seiner Zeit und dem Wohlwollen der Mächtigen hat er sich radikaler als jeder andere für seine Mitmenschen eingesetzt. Mit einer brennenden Hingabe, die wahrlich größer ist als jede Vernunft, hat er das einzig heilende Wort ausgesprochen und vorgelebt, durch das unsere von Zwietracht und Egoismus zutiefst verletzte Welt noch überleben kann:

„Liebe deinen Nächsten wie dich selbst!"

Wenn wir Jesus Christus mit unseren Möglichkeiten darin nachfolgen, wird diese Zeit dadurch – neben Kerzen und Lebkuchen – erst richtig zum Advent.

„Mache dich auf, werde Licht, denn dein Licht kommt!"

Fröhliche Weihnachten!

Alltagsbewältigung

In der typischen, romantischen Komödie endet mit dem Happy End der Film meist so, als ob es danach nur noch vorhersehbares und einigermaßen glückliches Gleichmaß gäbe. Dabei ist dem absolut nicht so.

Denn was zwei Menschen, die beschließen, zusammenzubleiben und dann heiraten, auch auf der Hochzeitsreise empfinden mögen: Der Erfolg der Ehe hängt davon nicht ab. Wovon er aber zum Teil abhängt, ist, wie man mit den unendlichen Herausforderungen des Alltags umgeht.

Typisch ist, dass uns die Schwierigkeiten stets einen Schritt voraus sind und uns zwingen zu reagieren: Der Staubsauger funktioniert nicht (das hat er uns vorher nicht gesagt), der Knopf reißt im ungünstigsten Moment ab, der Schlüsselbund spielt Verstecken, das Handy stellt sich tot und da, wo man bisher geparkt hat, steht auf einmal ein Halteverbotsschild – und jetzt?!

Im Grunde erfordert der moderne Alltag die Wachsamkeit eines Luchses, die Übersicht eines Generals, die Kondition eines Zehnkämpfers, die Führungsqualitäten eines sehr guten Managers und die Abgeklärtheit eines Konfuzius. Und kriegt man vielleicht viel Geld und Anerkennung für die Bewältigung des Non-Stopp-Alltagspensums? Oh nein! Das läuft alles ganz selbstverständlich unter der Überschrift: „Hausfrau und Mutter", „halbtags arbeitende Krankenschwester", „Postbote" oder „Taxifahrer".

Ein weiteres Merkmal des Alltags ist, dass wir die wenigsten Dinge ein für alle Mal erledigen können. Die Herausforderung des Normalen muss jeden Tag neu bestanden werden. Klug ist, wer in seinem Leben von vornherein nicht allzu eng plant und keine Perfektion von sich und anderen erfordert. Dann wird er nicht gleich so geschockt sein – wie ich zum Beispiel – wenn die Dinge nicht so laufen, wie er sich das vorgestellt hat. Die Schwierig-keiten als ganz normalen Aspekt des Lebens zu betrachten, ermöglicht Entspannung. Weiterhin hilft es, sich zu vergegenwärtigen, was doch alles wunderbar klappt. Imprägniert mit dieser Dankbarkeit kann man den vielen Unbilden des Lebens leichter trotzen. Mancher entdeckt darin, nicht zu Unrecht, sein Heldentum. Zum Beispiel mit drei kleinen Kindern im Supermarkt einkaufen. Was uns nicht umbringt, macht uns stärker!

Wohingegen die Spitzenkräfte der Alltagsbewältigung, wie mein Mann Randolf oder meine Mutter Heike, der Sache den Reiz des sportlichen Wettbewerbs abgewinnen. Von mir sehr darob bewundert, spielen sie in der Champions League der alltäglichen Troubleshooter mit, und ganz genauso klingt auch ihr Motto:

„Wer sich nicht zu helfen weiß, ist nicht Wert,

dass er in Verlegenheit gerät!"

Ein richtig schöner Urlaub!

Kurz bevor wir vor 21 Jahren das erste Mal nach Dänemark in den Urlaub fuhren, hatte uns mein Schwiegervater seinen BMW geschenkt, ein elegantes, nachtblaues Modell, schnell wie der Wind, aber mit einem nur sehr kleinen Kofferraum ausgerüstet. In der Frühstückspause der FhG sprach ich meine Sorge an, ob wir mit zwei Kindern auch alles Gepäck unterbringen würden.

Dr. Bauer, der damalige Chef vom Randolf, erzählte daraufhin, dass er immer mit Anhänger reisen würde, wenn er mit Frau und Tochter nach Kroatien fuhr, weil seine Frauensleute so viel Gepäck dabei hätten. Der Randolf warf ihm einen starren Blick kopfschüttelnden Unglaubens zu und bescheinigte ihm schlechte Planung, mangelnde Überzeugungskraft und allgemeines Unter-dem-Pantoffel-Stehen. „Einen Anhänger braucht man ja vielleicht nicht gleich", meinte ein Gruppenleiter „aber wenigstens einen Dachgepäckträger?" „Davon fährt das Auto langsamer!", beschied ihm der Randolf, worauf sich Dr. Bauer an mich wandte: „Wenn Sie wieder zurück sind, erzählen Sie uns dann aber, WIE Ihr Gatte das gemacht hat!"

Der Gatte erklärte zuerst alle Koffer und Reisetaschen für die überflüssigste Fehlkonstruktion des Jahrhunderts. „Das alles nimmt bloß Platz weg!" Stattdessen bekam jeder für seine persönliche Habe einen Schuhkarton ohne Deckel, den er ganz nach Herzenslust befüllen durfte mit allem, was für zwei Wochen notwendig war. Als ich ihm eröffnete, dass ich auch bei maximaler Rationierung nicht mit zwei T-Shirts, drei Teilen Unterwäsche und einer dünnen Jacke auskäme, präsentierte er mir stolz eine Kaffeebüchse, randvoll mit einem weißen, synthetisch riechenden Sand.

„Waschpulver!", erklärte er triumphierend. „Ich habe an alles gedacht!"

„Aber... äh... ich meine ... HABEN wir denn eine Waschmaschine in unserem Ferienhaus?" „Ein Waschbecken werden wir haben", entgegnete er zuversichtlich. „Oder denkst Du, ich kann nicht einmal ein paar Hemden mit der Hand auswaschen? Ich bitte Dich!" Schuhe einzupacken weigerte er sich ebenfalls. „Jeder nimmt einfach nur die Schuhe mit, die er auf der Fahrt anhat. Basta!" „Aber wenn es regnet?", wandte ich ein. „Soll ich dann barfuß gehen?" „In Dänemark regnet es nicht!", gab er zurück. „Im August niemals! Barfuß ist für die Füße ohnehin das gescheiteste!"

Tatsächlich brachte er Erstaunliches unter: Er verkantete den Stapel Brettspiele auf der Rückablage, verstopfte jeden Zwischenraum mit Bettwäsche, faltete meine Seidenjacke acht Mal, setzte sich drauf und bot mir das Ergebnis als Kopfkissen an. Dann steckte er Bierbüchsen in die Speichen des Ersatzrades und wuchtete den bis oben mit Tütensuppen, Kartoffelpuffern und Apfelmus gefüllten Wäschekorb hinein. „Warum nimmst Du Apfelmus mit?", fragte ich. „Glaubst Du, in Dänemark gibt's kein Apfelmus?" „Was weiß ich, was das da kostet...", murmelte er misstrauisch.

Nirgends als im Urlaub, schon in der Urlaubsvorbereitung, treten die Unterschiede in Charakter, Erwartung und Weltanschauung deutlicher zu Tage. Der eine empfindet einen Urlaub nur mit Meer und Faulenzen als stinklangweilig und will Bergtouren machen und Drachen fliegen; der andere will endlich einmal Ruhe haben und keinen Stress, um sich von seinem anstrengenden Alltag zu erholen. Mancher will den Luxus pulsierender Metropolen und teurer Lokale genießen, andere sehnen sich nach Wanderschuhen, Rucksack und Vogelstimmen. „Variatio delectat – Abwechslung erfreut", sagt ein Sprichwort. Und eine Abwechslung ist es, sich auf das völlig Andersartige, die ultimative Überraschung einzulassen, die der Partner in den Urlaub einbringt. Was zahlt man z. B. auf einer Afrika-Safari für einen richtig großen Schrecken – etwa wenn einem unvermutet ein wütendes Nashorn gegenüber steht? Der Schreck, wenn einem der Ehemann eröffnet, dass man mit nur einem Paar Schuhen im gesamten Urlaub auszukommen hat, ist mindestens genauso groß.

Wenn man diesen Schreck als Anfang des Urlaubs, als Abenteuer begreift, spart man sich viel Diskussion (mit dem Ehemann) und viel Geld (mit der Safari) und hat zusätzlich den unschätzbaren Gewinn, sich selbst und den anderen besser kennenzulernen. Dazu gehört der mutige Entschluss, sich kurzfristig von seinem Normalbewusstsein zu verabschieden, aber dann ist die Welt offen für alle Wunder: Ich hätte tatsächlich nie gedacht, dass man in einem kleinen, knarrenden Holzhaus am Nordsee-Strand so glücklich sein kann, dass man mit so wenig Kleidung auskommt und es einem auch völlig egal ist, dass Kartoffelpuffer in der Seeluft so gut schmecken und... ob es geregnet hat? Höchstens mal eine Stunde, dann war wieder herrliches Wetter.

Plötzlich hat das Szenario doch sehr viel Ähnlichkeit mit einem wirklich schönen Urlaub: Die Kinder lassen im Abendrot die Lenkdrachen in den Meerwind steigen; ich sitze vor dem Feuer mit einem Kierkegaard-Buch, während ich die Brataäpfel bewache, und der Randolf – hängt Wäsche auf. Ein richtig schöner Urlaub ist es nämlich dann, wenn jeder das Leben hat, das er schon immer haben wollte.

Life, I love you! Feeling groovy...!

Ein Auto, das nicht fährt

Wenn man so stark wie Herkules ist, braucht man keine zusätzlichen Waffen. Und wenn man Randolf Hanke ist, kann man auch mit einem sehr alten, geliehenen R5 „Porsche fahren", wie er auf dem Ikea Parkplatz an einem sonnigen Nachmittag im September 1992 bestens bewiesen hat. Wir hatten ein zusammengeklapptes Papphaus für die Kinder gekauft, und als der Randolf es eingeladen hatte, sah man nach hinten NICHTS mehr, seitlich nicht mehr viel. „Du siehst aber nichts", wandte ich ein, worauf er „Wenn's crasht, noch an Meter!" antwortete und losfuhr. KLIRR! Er stieg aus, ging auf eine fassungslose Frau zu, die neben ihrem Mercedes stand und ihn mit zitternden Lippen anstarrte.

„Warum stoßen Sie nicht zurück, wenn Sie mich kommen sehen?" fragte er. Da ihr darauf keine Antwort einfiel, diagnostizierte er: „Nichts passiert an Ihrem Auto!", sammelte die Scherben des Blinkerglases vom R5 ein, das zu Bruch gegangen war und beging Fahrerflucht. Mit Höchstgeschwindigkeit wie der Rennfahrer Michael Schumacher raste er vom Ikea Parkplatz, während er die Anschaffung eines Sekundenklebers erwog, um das gebrochene Blinkerglas wieder zusammenzukleben. Aber Frieder, der stolze Besitzer des R5, wollte, wie sich später herausstellen sollte, allen Ernstes ein neues Blinkerglas haben!

Die Schrottkarren taugen was, wie wir aus verschiedenen Erfahrungen berichten können. Unterstützt werden wir darin z. B. von meinem Schwager Rüdiger, der, frei von bürgerlichen Vorurteilen, seine drei Kinder mit Frau und Hund und meiner Schwiegermutter in einem ausrangierten Feuerwehrauto der freiwilligen Feuerwehr durch die Gegend fuhr – und alles, was an dem tapferen Löschwagen klapperte, war sein Werk.

Von prähistorischen MAN Lastwagen, ausrangierten Mercedesen mit über 300.000 km auf dem Buckel hört man wahre Wunderdinge, wobei vom Kauf neuer Mittelklassewagen, besonders die der etwas günstigeren Preisklasse, dringend abgeraten werden muss. Wie hat ein bekannter bayerischer Mundart-Barde schon so treffend gedichtet:

> *„Jeder Popel fährt an Opel.*
>
> *Doch steht er dann im Graben,*
>
> *dann will ihn keiner haben."*

Um sehr treffend weiter in den Reim einzumünden:

> *„Ein Auto, das nicht fährt,*
>
> *das ist sein Geld nicht wert!"*

Man sollte sich nicht von den Werbefritzen die klare Sicht verstellen lassen, die einem für die hübsch aufgemachte Billigware immer neue Preisnachlässe und Sonderausstattungen versprechen, sondern einen Blick auf die Statistik werfen, die besagt, dass für Autos der sogenannten Montagsproduktion inzwischen drei Werktage pro Woche inklusive Mittwoch herhalten müssen, und dass auf gut deutsch gesagt, ein Neuwagen auch nicht mehr das ist, was er einmal war.

Denn nochmal mindestens ein Drittel des Anschaffungspreises kann man in den ersten Jahren an Reparaturkosten drauflegen. Das ist eine hinterhältige Preiserhöhung – und ein besseres Auto hat man dafür auch nicht!

Ein Freund von mir fuhr mit seinem Corsa (den eigentlich immer irgendein Hüsterle oder Schnüpferle plagte) nicht nur um die Ecke zum Einkaufen, sondern gleich nach Italien, worauf der Corsa auf halber Strecke stehen blieb, zwei Tage von einem italienischen, mehr schlecht als recht englisch radebrechenden Automechaniker repariert werden musste: Kostenpunkt 1.700 Euro. Dass der Mensch nicht so am Geld hängen soll, ist eine alte Weisheit, aber in dem Fall wäre der mittelalterliche Ablasshandel noch sinnvoller gewesen.

Mein Freund Robert fährt immer sehr tief gelegte Rennautos, die seinem Lebensgefühl genauso wie seinen Fahrkünsten entsprechen, und er selbst findet auch Platz darin mitsamt seiner Zigarettenschachtel und sogar noch mit einer Dame mit einem (allerdings kleinen) Handtäschchen. Er fährt sehr viel, sehr schnell, sehr weite Strecken und hat sich noch nie über irgendwelche Ausfälle seines Rennautos beklagt.

Was macht Mann also, wenn er Rennen fahren und die Familie kutschieren will, wenn er richtig weite Strecken fahren und bei Gelegenheit mit der Eleganz einer Nobelkarosse vor Theater oder Staatsempfang punkten will? Man schaffe sich ein Auto an, am besten aus zweiter Hand, das den Namen verdient – und alle Sorgen sind weit weg!

Wie die Statistik einer Autozeitschrift unlängst bewiesen hat: Die Fahrer der Kleinwägen sind dauernd im Stress, weil sie unentwegt überholt werden und sie das Unfallrisiko mehr als andere (des dünnen Blechs wegen) fürchten.

Die Fahrer der Mittelklasseautos stehen unter Stress, weil dauernd irgendwas kaputt ist und das viele ärgerliche Euros kostet.

Die Fahrer der Rennwagen stehen unter Stress (Robert nicht), weil sie sich genötigt sehen, die Anschaffung zu maximieren und sinnlos alles und jeden zu überholen.

Am entspanntesten sind die Fahrer der Luxuslimousinen, sicherlich, sie haben alles, was sie brauchen und fühlen sich zu nichts gezwungen. Und wenn man vorher weiß, dass der Kahn 15 Liter Super säuft, dann freut man sich doch richtig, wenn es eines schönen Sommertages mal nur 12,7 Liter sind! Oder, wie ich zu meiner Nachbarin nach der letzten, sachten Benzinpreissenkung sagte: „Bei diesen Benzinpreisen kann ja jetzt bald jeder Siebener fahren!" Und hatte ganz schön zu tun, ihr zu versichern, dass das ein Witz sein sollte.

Jedenfalls kommt man ins Gespräch – und wem das noch zu langweilig ist, der soll DUCATI fahren, der ultimative Kick:

Denn, wer an seinem Leben hängt,

wird ja mitzufahren nicht gedrängt!

Meista Proppa

Meine Großmutter väterlicherseits war eine „saubere" und „ordentliche" Frau, was damals das sozusagen größte Kompliment war. Und sie bestätigte diesen ihren guten Ruf, der von ihrer Nächstenliebe, ihrer ruhigen Durchsetzungsfähigkeit und ihren medizinischen Kenntnissen schwärmte, auch noch dadurch, dass sie die Begriffe „sauber" und „ordentlich" sehr und in jeder Hinsicht ernst nahm.

„Staubwischen, Staubwischen...", zeterte ihr Sohn, mein Vater. „Vor lauter Staubwischen wirst Du noch mal selber zu Staub!" Und tatsächlich! Als die Oma, gegen den ausdrücklichen Wunsch aller ihrer Lieben im Keller die Stühle aus der Voitleinschen Wirtschaft sauber abwusch, weil sie am nächsten Tag als Küchenstühle zu meinen Eltern nach Weiher kommen sollten, ereilte die 64 jährige ihre Herzkrankheit. Sie gab noch einen Schrei von sich, stürzte und war tot. „Christine!" rief der Opa und rannte die Treppe hinunter. „Christine..."

So kann's gehen. Als junger Mensch glaubt man nicht, dass einem so ein Ende bevorstehen könnte, aber mit der Zeit kommt man auf seine Vorfahren heraus: Ich mag nur WEISSE Vorhänge, DURCHSICHTIGE Fenster, schön aufgeräumte und liebevoll dekorierte Zimmer, und wenn der Küchenfußboden pappt, greife ich auch mit 39° Fieber zum Putzschrubber.

Es gibt nur einen Feind und das ist der Dreck! Ich bin die Frau, die Schuhe schön in Reih und Glied stellt, Glasplatten poliert und Teppichfransen kämmt. Leider bin ich in meinen Bemühungen nicht immer so effektiv, wie es wünschenswert wäre. Was zur Folge hat, dass ich mein Ziel, das Äußere und Innere gleichermaßen harmonisch und geordnet zu gestalten, manchmal nicht erreiche. Das ist traurig. Schon durch kleine Abweichungen der gewohnten Ordnung fühle ich eine Nervosität, die von mangelnder Flexibilität und Chaos-Übersicht herrührt.

Wesentlich stabiler, mutiger und katastrophenerprobter ist da die Familie einer Freundin, die trotz des Durcheinanders, das durch viele Bastelreste, Schnipsel und Kunstwerke entsteht, nicht so leicht zu schockieren ist! Auch übereinandergestapelte Kartons im Foyer, zugestellte Arbeitsflächen und ein komplett zweckentfremdeter Küchentisch lösen da noch keinen Alarm aus:

„Freischaffende Künstlerin", sagt meine Freundin, „ist doch viel besser als Hausfrau".

Bei aller Bewunderung dafür, wie bei ihr das pralle, bunte und chaotische Leben zugelassen wird, empfinde ich selbst, dass jede noch so freischaffende Künstlerin aber doch auch irgendwie noch Hausfrau ist, es sei denn, sie hätte einen Doldi, der dergleichen Aufgaben für sie erledigt.

Einer Frau wäre es früher nie eingefallen, die Fähigkeit, für Durchblick und Ordnung, Sauberkeit und gutes Essen, eine vernünftige Vorratshaltung und gepflegte Kleidung zu sorgen, irgendwie schlecht zu machen. Aber gerade das scheint zunehmend ein Trend zu werden. „Bei mir geht alles kaputt", berichtet eine junge Frau. „Jede Topfblume geht ein, sogar der Schnittlauch auf der Fensterbank!" Na, bravo! „Ich habe zwei linke Hände im Haushalt", kontert die nächste. „Kürzlich habe ich die Wäsche total ruiniert", strahlt sie. „Und kochen kann ich überhaupt nicht! Zwangsweise ein Ei":

Allmächt!

Vielleicht werden sich ja auch die Männer demnächst noch mit all dem bewerben, was sie nicht können und öffentlich über ihre echte oder herbeigeredete Impotenz herum jubeln.

Dann geht der modische Zwang zum Eigentor langsam in einen ernstzunehmenden und durchaus bedrohlichen Selbstboykott über. Wenn man aus seinen Defiziten seine größten Aktivposten macht, nähert man sich dem Stadium der Degeneration, wobei bei dieser Totalverweigerung der Lustgewinn auch auf der Strecke bleibt.

Denn die Hausarbeit gibt einem die Möglichkeit, sich mit der Welt und ihren Missständen wieder zu versöhnen. Wenn ich von Grund auf Ordnung und Sauberkeit in einer Küche geschaffen habe, die vorher aussah, als hätte eine Bombe eingeschlagen, fühle ich mich körperlich etwas erschöpft, aber geistig ausgeruht und seelisch positiv geerdet. Unbezahlbar ist das Gefühl, etwas bewirken zu können und mit Erfolg belohnt zu werden; durch ein vielleicht begrenztes (Garten) oder kurzlebiges (Kuchen) Ergebnis, aber es kann uns die Kraft geben, auf gewiss bescheidene aber dennoch mögliche Fortschritte zu hoffen. Es ist also doch nicht alles verloren auf dieser Welt steinigem Acker.

Die Sannyasin der Hare-Krishna-Sekte, hab ich gehört, putzen auch mit Begeisterung und murmeln dabei vor sich hin:

„Hare Krishna, Hare Krishna, Hare Rama…“.

Ich nicht. Ich singe die deutsche Übersetzung:

„Meista Proppa putzt so sauber,

dass man sich drin spiegeln kann,

Meista Proppaaa!“

Men's Fashion

Dass Männer vieles können, was man selbst nicht kann, lernt man rasch als Frau in dieser Gesellschaft: Quer durch alle Gesellschaftsschichten können Männer besser Auto fahren, jawohl, (dreiviertel aller Unfälle werden zwar von Männern verursacht, aber man weiß ja, was von Statistiken zu halten ist), besser mit technischen Geräten umgehen (mein eigener Vater war zwar schon mit einer Glühbirne überfordert, aber na ja...) und vor allem wissen sie grundsätzlich bei allem und jedem immer besser Bescheid.

Eine uninformierte Frau z. B. stellt sich hinten an, hört erst mal zu und hofft, dass es keiner merkt, das arme Hascherl. Ein dummer Mann käme nie auf eine solche Idee: Er rechnet sich seine Unwissenheit als Unvoreingenommenheit an, stellt sich ganz vorne hin und schreit dafür besonders laut.

Aber in einer Angelegenheit schießen Männer aller Couleurs regelmäßig die allerschönsten Eigentore, die schon fast als Tor des Monats in Frage kämen, wenn ... ja, wenn's auch in diesem Fall nicht doch wieder die Frauen auszubaden hätten.

Im Sommer 1979 half mein Bruder Frieder bei der Firma Meier im Druck aus, um Geld für seine Kanada-Tour zu verdienen. Von jeder Selbstkritik völlig unangekränkelt kam er jeden Tag mit einem anderen Überraschungsschock gekleidet in die Arbeit. „Hast deinen Urwald heute schon gesehen?" wurde ich mit breitem Grinsen von meinen Kolleginnen und Kollegen begrüßt – und mir sank das Herz bis in den großen Zeh.

Als ich ihn dann beim Frühstück sah, musste ich zugeben: So schlimm hätte ich es mir nicht vorgestellt. Er trug ein vier Nummern zu kleines, ehemals weißes T-Shirt, das den Bauch frei ließ und unter den Achseln aufgeplatzt war. Auf dem Rücken prangt eine nachlässig mit Stofffarbe hingeschmierte Aufschrift:

„1. FC Weiher 1974"

Dazu trug er verwaschene rote Turnshorts, die drohend eng um seinen Po spannten und – stilecht, muss man ihm lassen – nackte Füße in offenen Fußballstiefeln mit krumm und schief abgewetzten Stollen, die schauerlich auf dem Steinfußboden klackten.

Sein dunkelblondes Haar sah aus wie ein ungemähter Rasen, aber sein Gemüt war ungetrübt wie ein blauer Märzhimmel. Auf meinen Vorschlag, doch nicht mit den anderen in die Kantine zu gehen, sondern bei mir am Platz – sozusagen privat – zu frühstücken, ging er gerne und völlig arglos ein. Na ja, mag man denken, er war ja noch jung, und der Mensch lernt, so lange er lebt.

Aber etwa 15 Jahre später hatte ich ein Deja-vu-Erlebnis. Die Kollegen in der Fraunhofer Gesellschaft berichteten unter beeindrucktem Stottern von einer Erscheinung, die ihnen im Gang begegnet wäre und schlossen endlich: „Du musst es einfach selbst sehen."

Diesmal trug er die absolut nicht passende Sonnenbrille unserer Mutter, ein in allen Regenbogenfarben asymmetrisch gebatiktes T-Shirt spannte um die Schultern, schlabberte um die Brust und ließ den Bauchnabel frei. Die schwarze Trainingshose war ausgebleicht, ausgeleiert und schnitt am Hintern Gesichter. Aus unerfindlichen Gründen reichte sie bloß bis über die halbe Wade, dazu trug er Badelatschen.

Der Randolf fand die Farbwahl exotisch, war aber „der Richtige", sich aufzuregen: Besonders beratungsresistent trug er damals wie heute mit Begeisterung abgeschnittene Jeans von undefinierbarem Alter und Farbe, die kaputter Knie wegen zu Shorts verkürzt wurden, ungesäumt natürlich, ein verschossenes lila T-Shirt mit senfgelber Paspelierung und allen Ernstes einem Reißverschluss über dem Schlüsselbein. Ergänzt wurde der Aufzug von einer Uralt-Lederweste, an der von sechs Knöpfen noch zwei an einem dünnen Faden hingen, grauen Socken und antiken Turnschuhen, auf deren Zustand ihn schon jeder bis hin zum Institutsleiter angesprochen hatte. Auf die Frage, warum er sich keine neuen kaufe, antwortete er: „Ich warte auf ein Sonderangebot!"

In die Enge gedrängt, rief ich Frieders Frau Eva an: „Was ist denn da los?" „Er ist mir entwischt!", jammerte sie. „Ich hab's heute nicht geschafft, ihn zu kontrollieren. Ist es sehr schlimm?"

Und plötzlich, als ich mich an die Stirnseite des langen Tisches in der unteren Küche setzte und 24 Gesichter sich erwartungsvoll auf mich richteten nach der unausweichlichen Frage, fühlte ich mich plötzlich frei und ledig von jeglicher Verantwortung:

„Also, dem Randolf ist es egal... und der Frieder", ich senkte die Stimme, „also, er ist farbenblind!"

Da endlich wurde mir das verdiente Mitgefühl zuteil. Sie nickten verständnisvoll und streichelten mich tröstend.

Und ihre Blicke, die auf mir ruhten, taten mir sehr gut. –

Versprochen ist versprochen...

... und wird auch nicht gebrochen", lautet ein alter Kinderreim – eine Beteuerung, die nicht notwendig wäre, würde man das Einhalten von Versprechen als bloße Selbstverständlichkeit betrachten.

Legendär sind die üblichen Versprechen von Politikern vor der Wahl, die sogenannten Wahlversprechen, die dann später – auch das hat Tradition – Stück für Stück zurückgenommen werden müssen, weil, wie jeder vernünftige Mensch einsieht, gar nicht so viel Geld da ist, dass man wirklich die Steuern senken könnte. Tja.

Daher geht der Trend dahin, sich auf Versprechen so wenig wie möglich einzulassen. Auf die Frage: „Hast Du am Donnerstag Zeit?" antwortet meine Schwiegermutter bevorzugt: „Das weiß ich doch heute noch nicht", um hinzuzufügen: „Aber ich geb Dir Bescheid." „Donnerstagfrüh?" frage ich nach „oder Donnerstagnachmittag?" „Das siehste dann schon."

Allerdings – so viel ist sicher.

Als vorbildlich muss hier die Furchtlosigkeit vom Randolf erwähnt werden, der keine Angst hat, sich festzulegen.

„Ich komme heute um vier Uhr heim, zwischen vier und halb fünf", erklärt er z. B. markig, eine Absichtserklärung, die widerspiegelt, dass er grundsätzlich gerne heimkommt und sich freut, Zeit mit der Familie zu verbringen.

NICHT heißt es jedoch, dass er körperlich anwesend sein wird und schon gar nicht um vier Uhr und auch nicht um halb fünf. TATSÄCHLICH anwesend ist er etwa um 20 Minuten vor sieben. Mit seinem Versprechen konfrontiert, tritt als erstes die übliche Amnesie in Kraft: „Ich habe gar nicht vier- halb fünf gesagt", unterstützt von der Kaugummimethode, mit der man Zeitangaben beliebig verlängern kann „ ... sondern fünf- halb sechs, sechs- halb sieben und da bin ich jetzt genau 10 Minuten zu spät. Warum guckst Du so angestrengt, mein Mäuselchen?", fügt er besorgt an, mit jenem Kunstgriff der Tatsachenverdrehung, mit dem er jedes Problem konsequent bei den anderen lässt. Und natürlich hat er auch recht damit, denn ganz egal, wie er die Zeit definiert, man ist ja nicht gezwungen, sich darüber aufzuregen. Richtig und gesundheitsschonend ist es also, auf die Ankündigung: „Ich komme heute um vier Uhr heim" zu antworten: „Ich lieb Dich auch!" und die genannte Zeit schleunigst zu vergessen.

Die Angst vor Versprechen hat sich auch auf das Eheversprechen ausgedehnt.

Ohne eine riesenbreite Hintertür und einen Ehevertrag, an dem keine Maus vorbeikommt, trauen sich heute viele nicht mehr zu heiraten. Das ist schade. Auch wenn es einem nicht gelingt, den Ehepartner, wie versprochen, jede Minute des Lebens optimal zu lieben und zu ehren, ist doch bei der Bemühung dahin eine innere Weiterentwicklung geradezu unvermeidbar, die bei einer Serie oberflächlicher Beziehungen nicht eintreten muss. Außerdem zeigt ein hochfliegendes Versprechen eine Lebensbejahung, die bezaubert.

Red Bull z. B. hat, sollte man denken, mit seinem Slogan: „Red Bull verleiht Flügel" den Mund ziemlich voll genommen. Mein Onkel, ein Förderer der Oper in Meiningen, hat erzählt, dass der Oper für das Konzert eines Klaviervirtuosen das Klavier fehlte. Der findige Intendant rief daraufhin bei Red Bull an:

„Ich habe gehört, Red Bull verleiht Flügel?"

„Ja...?"

110

„Sehr gut! Wir bräuchten einen. Sie haben jetzt die einmalige Gelegenheit, Ihren Werbeslogan wahr zu machen."

Und tatsächlich verhalf Red Bull der Oper von Meiningen zu einem Steinway Konzertflügel und das Konzert, sagt meine Mutter, die dabei war, ist sensationell gewesen.

Wunder gibt es immer wieder.

Und ab und zu kommt es dann doch noch vor, dass jemand sein Versprechen hält.

Pop-Rocks

Vor sechs oder sieben Jahren war meine Nichte Lena für ein paar Tage zu Besuch. Sie hatte, soweit ich sah, mit meiner Tochter Susanne viel Spaß und auch ansonsten wenig auszusetzen. Erst am vorletzten Tag drohte die harmonische Stimmung umzukippen: Nach einem Stadtbummel traten wir mit Daniel, Susanne, Lena und Franziska den obligatorischen Mc Donalds Besuch an. Der Randolf erwischte die kürzeste Schlange und bellte mit seiner Megaphonstimme die Bestellung, ich nahm das Tablett mit den Getränken und besetzte mit Lena einen 6-Personen-Tisch.

„Was ist da drin?" fragte sie und deutete auf einen Halbliterbecher.

„Cola", antwortete ich.

„Und da?"

„Cola."

„Und in diesen?"

„Cola."

„Überall Cola?"

„Ja."

„Und ich..." fragte sie mit verdunkelten Augen und dem Schlingern drohender Benachteiligung in ihrer Stimme. „Was soll ich trinken?"

„Nimm Dir halt eins", schlug ich vor, „oder magst Du kein Cola?"

„Cola? Für mich?" Sie streckte die Hand aus, wagte aber offenbar nicht, einen Becher anzufassen. Ich steckte einen Plastikstrohhalm durch den Deckel und schob ihr den Becher hin. Sie sah mich an, atmete tief, spannte ihren mageren Arm um den Becher und trank

ausdauernd Cola. Erst als der Daniel und der Randolf die Wagen-
ladungen Pommes Frites, Hamburger, Bic Macs und Chicken Mc
Nuggets vor uns ausbreiteten, ließ sie den Becher los, sie schenkte
allen einen beseligten, leicht verschwommenen Blick und rülpste
einmal ungeheuer.

„Weißt Du", vertraute sie mir an, „Meine Mama gibt uns bloß ein
bis zwei Esslöffel Cola, wenn wir krank sind."

Und da soll man nicht krank werden!

Um die gesunde Ernährung von Kindern ranken sich viele Mythen
und Geheimnisse, z. B. das, was seit Generationen als super
gesund galt, der Spinat, dessen Eisengehalt sich als ein einfacher
Rechenfehler bei der Kommastelle herausgestellt hat. Aber auch
ohne Rechenfehler: Seit über 20 Jahren Mutter, habe ich einfach
nicht das Recht, den Inhalt meiner Erfahrungen zu ignorieren.

Meine Susi war 11 Jahre alt, als sie sich in den überhitzen Räumen
meiner Schwiegermutter einen Schnupfen einfing. Meine
Schwiegermutter verabreichte ihr eine Salve von Kampfvitaminen
in Form ausgepresster Obstsäfte, Fruchtsalate, Kohlrabigemüse,
bis die Susi, bis dahin das kerngesunde, blühende Leben, sichtbar
abnahm und mit Schlaflosigkeit, Kopfhautjucken, Kopfschmerzen
und Appetitlosigkeit dahinwelkte. Es war rasches Handeln er-
forderlich. Unter dem Vorwand, mit ihr zum Arzt gehen zu wollen,
entführten wir sie meiner Schwiegermutter und hielten auf dem
Heimweg bei einem Supermarkt, in dem wir sechs Tafeln Milka
Alpenmilch, eine Großpackung Nesquick, zwei große Rollen
Smarties und die Aktionskiste „gemischte Brauseartikel" er-
standen. Zuhause, in der leicht zugigen Winterluft in dem Haus in
der Junkerstrasse, atmete die Kleine zum ersten Mal auf. Sie
futterte erleichtert vier Pfannkuchen mit Nutella und erholte sich
innerhalb weniger Stunden vollständig.

Bis auf den heutigen Tag nimmt sie Vitamine hauptsächlich in Form von Brausetabletten zu sich, deren synthetischer Geschmack sie positiv an ihr früheres Hauptnahrungsmittel erinnert.

Wer hat denn in die Welt gesetzt, dass ein Kind Vitamine ohne Ende braucht? Soweit ich sehe, braucht es synthetische Farbstoffe, Geschmacksverstärker, Emulgatoren, Stabilisatoren und Beta-Carotin.

Und besonders braucht es Pop-Rocks! Eine Art Lebensmittelsprengstoff, der das bloße Existieren zum ganz großen Leben voller Abenteuer macht. Pop-Rocks sind IMMER ausverkauft, werden kistenweise gehortet und nur an ganz gute Freunde verschenkt. Pop-Rocks sind Bungee-Springen im Gaumen und ohne Pop-Rocks ist alles nichts, kein Lachen, kein Glück, überhaupt keine richtige Kindheit! Es gibt nur noch eins, was den ausgesprochenen Kult-Charakter dieses essbaren Nitroglyzerins steigern könnte:

Ein humorloser, schwarz-weißer Aufdruck auf der Packung:

„ACHTUNG! POP-ROCKS KÖNNEN TÖDLICH SEIN!

Der Gesundheitsminister"

Kalte Dusche – Saure Grapefruit
Eine Anleitung zum Aufstehen

Als die Diskussion um das Waldsterben in vollem Gange war, tat sich ein besonderer Schlaumeier hervor, der mit folgender Theorie auf sich aufmerksam machte: Das Waldsterben hätte nichts mit dem sauren Regen zu tun, sondern es wäre eine Art Selbstregulativ der Natur, um sich der zu vielen Bäume zu entledigen. Das wäre z. B. vor über 2000 Jahren geschehen, als innerhalb kurzer Zeit der bis dahin gut bewaldete Peloponnes vollständig erkahlte. Es dauerte geschlagene drei Wochen, bis sich, leicht genervt, ein Altertumsforscher zu Wort meldete mit der lapidaren Bemerkung, die Bäume in Griechenland wären deswegen gestorben, weil man sie kurz über der Wurzel abgehackt hätte, um aus dem Holz Schiffe für den Trojanischen Krieg zu bauen.

Dergleichen Argumentationsverirrungen sind gar nicht so selten in unserer von digitaler Logik beherrschten Welt. Da wäre z. B. die seuchenartig um sich greifende Problematik mit der Schlaflosigkeit, ein in unseren hektischen Zeiten ernst zu nehmendes Symptom. Bereits ein Viertel aller Deutschen sei chronisch übermüdet, berichtet die Süddeutsche Zeitung und davon ein Drittel bedrohlich, das heißt im Straßenverkehr und im Umgang mit elektronischen Geräten: Lebensbedrohlich. Wieso leiden wir Menschen heutzutage an Schlaflosigkeit; haben wir alle Babys, die Tag und Nacht schreien oder unerträgliche Schmerzen? Wieso können wir nicht einschlafen, wo doch die wenigsten vor Hunger wach liegen wie im Krieg und bei uns auch keine Bomben durchs Dach fallen?

Originelle Antwort: Wir können nicht einschlafen, weil wir nicht ins Bett gehen. Jedenfalls nicht, wenn es Nacht wird und wir ganz natürlich müde wären. Beständig tun wir so, als wäre die Nacht eine Gemeinheit, die heimlich vom Teufel der Menschheit auferlegt worden wäre, indessen sie ja tatsächlich eine Wohltat ist, die der liebe Gott dem Menschen geschenkt hat, damit Körper und Geist die dringend benötigte Ruhe bekommen. Anstatt sich auf den Abend zu freuen und die Nacht als eine Phase der Erquickung zu begrüßen, versuchen wir unsere Reserven mit blödsinnigen Stimulanzen unerschöpflich zu machen, rennen auf sinnlose Partys, arbeiten bis spät in die Nacht und sind durch all das sinnlose Gejage elektrisch aufgeladen wie die Zitterrochen. Wenn wir dann endlich um 0.45 Uhr im Bett liegen, wundern wir uns noch, dass wir nicht einschlafen können.

Schon als junge Menschen beginnen wir aus einer Mischung aus Langeweile, Vergnügungssucht und der Angst, etwas zu verpassen, die Nacht zum Tage zu machen und sind inzwischen in einem Teufelskreis angelangt, in dem echte Entspannung immer schwieriger wird. Dabei übertragen wir die Nervosität auf unsere Kinder. Es gibt inzwischen Bücher, die sich ausschließlich mit dem Thema befassen, wie man ein Kind ins Bett bringt. Nach dem, was dort zu lesen ist, scheint das ein Kunststück zu sein, gegen das die Trapezakte der „Flying Santellis" der reinste Staub sind. Wenn wir den Vorhang zurückziehen und dem Kind den aufgehenden Mond zeigen, empfindet es vielleicht ganz von selbst die geheimnisvolle Schönheit der Nacht, sehnt sich von allein nach einem Gute-Nacht-Lied und der Geborgenheit eines weichen Betts.

Wir können uns anstecken lassen von der vertrauensvollen Bereitschaft der Kinder in den Schlaf zu sinken, dem Fernseher mit seinen blutrünstigen Krimis seine kalte Ruhe lassen, statt dessen einen Psalm lesen und die lateinische Grammatik wiederholen und schon sind wir eingeschlafen und zwar – wie die Schlafforscher es postulieren – einige Stunden VOR Mitternacht.

Und am nächsten Morgen – juchhu! – ist das Aufstehen keine Katastrophe wie für den chronisch Übermüdeten, für den die Zeit zwischen „Wecker klingeln" und „aus dem Haus rennen" die schlimmste Zeit des Tages ist, sondern uns ergreift ein Gefühl neuer Kraft und Frische, ein...

„... *ungeheurer Appetit nach Frühstück und nach Leben.*"

(Joachim Ringelnatz).

Mit Hilfe einer kalten Dusche und einer sauren Grapefruit starten wir raketenartig in den Tag: Was soll da noch schiefgehen?

Guten Morgen!

Was Politisches…

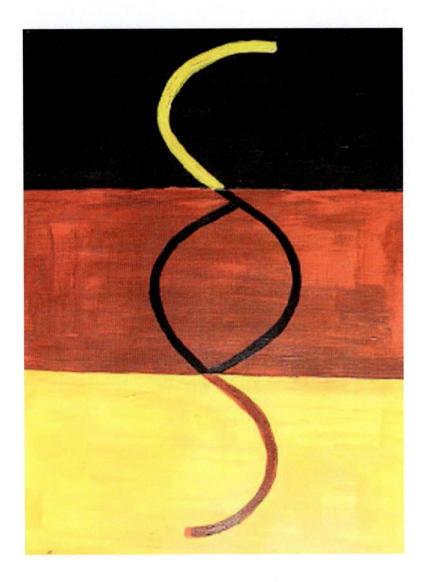

„Idiotos" nannte man im alten Griechenland, der Wiege der Demokratie, einen Menschen, der sich nicht für öffentliche Angelegenheiten interessierte. Wenn eine Verhandlung auf dem Marktplatz anstand, eine Abstimmung, eine Wahl, blieb dieser Mensch ganz einfach zu Hause sitzen und sagte, das interessiere ihn nicht. Warum machte man sich in Griechenland damals über diese Haltung lustig und nannte sie dumm? Weil die öffentlichen Belange alle angehen!

Die Römer nannten ihren Staat „res publica", die öffentliche Sache, und es war ein erklärtes Erziehungsziel für junge, römische Patrizier, dass sie lernen sollten, die Angelegenheiten des Staats so wichtig zu nehmen, sie genauso sorgfältig und engagiert zu vertreten, wie ihre eigenen.

Wenn man den Fernseher einschaltet, sieht man bei politischen Reportagen immer die gleichen Gesichter: Politiker, die das beruflich machen oder Journalisten (auch immer dieselben), die damit ihr Geld verdienen. Eine kleine, tapfere Schicht Menschen in Deutschland engagiert sich in Bürgerinitiativen und in der Kommunalpolitik. Manche schreiben zündende Leserbriefe oder laufen bei Protestmärschen mit. Aber auch wenn 10.000 oder 20.000 Teilnehmer nach sehr vielen Menschen klingen, wie viel Prozent von über 80 Millionen Bundesbürgern sind das?

Die meisten Menschen halten sich raus. Gründe dafür, gute, nachvollziehbare Gründe, gibt es genug. Einer davon ist, dass die Politik ja so kompliziert geworden ist, dass man trotz vieler Zeitungen und einer wirklich einigermaßen funktionierenden Pressefreiheit als Einzelner nie genau Bescheid weiß. Das stimmt. Aber wenn wir auf etwas Perfektes warten wollen, warten wir ewig. Auch, wenn wir nicht alles wissen, auch, wenn wir nicht alles Wort für Wort glauben können, was die Zeitungen berichten, so hat doch der bisher schweigende Beobachter ein oft sehr gutes

Gefühl für Gerechtigkeit. Sehr viele Menschen spüren schon lange, woran es hängt, was konkret getan werden müsste. Manche spüren sogar, ob Deutschland auf seinem Weg noch die richtige Richtung eingeschlagen hat. Es wäre an der Zeit, dieses Wissen und Gespür für die große, gemeinsame Sache nutzbar zu machen. Warten wir nicht darauf, dass der Bundespräsident das stellvertretend für uns alle übernimmt. Nehmen wir die „öffentliche Sache", unsere Sache, in die Hand.

Tun wir etwas für unser Land:

Machen wir den Mund auf, erheben wir unsere Stimme, authentisch, laut und deutlich, denn:

Jeder von uns ist ein wichtiger Teil des Ganzen!

Gipfelsturm

Die Menschheit rennt in den Himalaja, um, mit Sherpas, Sauerstoffbehältern und modernster Ausrüstung bewaffnet, sich auf den höchsten Bergen der Erde zu drängeln.

Der Weg dorthin ist mit erschreckend aussehenden, von Stürmen verwitterten und äußerst tiefgekühlten Leichen gepflastert, die dort ein vorzeitiges, aber exponiertes Ende gefunden haben. Das schreckt die anderen nicht ab, ihr Glück zu versuchen und dafür Umstände in Kauf zu nehmen, die sie in ihrem normalen Leben niemals auch nur im Ansatz bereit wären, zu ertragen.

„Sterben und Auferstehen", philosophierte mein Bruder, als ich ihn fragte, warum es notwendig war, dass er bei einer seiner Survivaltouren auf dem Großen Sklavensee fast ertrunken ist. „Es ist der Geschmack der Auferstehung – und der macht süchtig!" Abgesehen davon, dass man ja weiß, wo Sucht im Allgemeinen endet: Manche Freizeitsportler sterben dermaßen enthusiastisch, dass sie erst gar nicht wieder auferstehen – jedenfalls nicht in diesem Leben.

In einer Großstadtklink, Abteilung Innere Krankheiten, liegen in Zimmer 225 Frau Kowalski, Frau Lauerthal und ich. Die von Kortison stark aufgeschwollene Frau Kowalski ist Tag und Nacht an ein Sauerstoffgerät, das geräuschvoll vor sich hin gurgelt, angeschlossen, da sie eines Bestrahlungsfehlers wegen ein faustgroßes Loch in der Lunge hat... „die Herzfrequenz ist dramatisch, hat der Doktor gesagt, und ob sie es glauben oder nicht: 350 Zucker!"

„Oh je" streue ich mitfühlend ein. „Die Nieren versagen und ich bin schon fünfmal an den Augen operiert worden." Sie funkelt mich durch einen wahren Feldstecher von Brille an, ohne den sie schwört, überhaupt nichts zu sehen. Und es stimmt. Nach dem Essen ist die Brille weg und Frau Kowalski muss im Zustand völliger Blindheit gefüttert, gewaschen werden und Zähne geputzt kriegen.

„Wer klaut denn meine Brille?", klagt sie. „Die nützt doch jemand anderem nichts." Nein, aber der Pfleger hat sie mit dem dreckigen Geschirr in die Küche getragen, wo sie von einem besonderen Intelligenzbolzen in die Spülmaschine eingeräumt wurde. Die Gläser waren noch ganz, nur das Kunststoffgestell war total verbogen. „Dieses Zimmer ist verflucht!" vertraut mir Frau Kowalski an. „In diesem Bett ...", sie deutet auf mich, „ist mein Mann vor drei Jahren buchstäblich erstickt!" „Und ich...", meldet sich Frau Lauerthal, „bin seit 12 Jahren schwer lungenkrank. Ohne Sauerstoff laufe ich sofort schwarz an. Und Sie?" erkundigt sie sich freundlich. „Weshalb sind Sie da?" „Darmspiegelung", antworte ich matt, und mit einem unaufgeregten „Ach so..." sinken meine Nachbarinnen in ihre Kissen zurück.

Nachts geht das Alarmsignal an Frau Kowalskis Atemgerät an, vier Mann hoch stürmt ein Überfallkommando an Pflegern ins Zimmer, knipsen das Deckenlicht an und nehmen an der lilablau angelaufenen Frau Kowalski Wiederbelebungsversuche vor. Es ist 20 Minuten vor 3 Uhr. Bei dem zweiten Anfall nehmen sie sie auf die Intensivstation mit.

Kurz vor 4.00 Uhr. Der Sauerstoffschlauch von Frau Lauerthal verklemmt sich, er gibt ein schrilles Pfeifen von sich, das mir die Haare abstehen lässt; ich habe zu tun, um Frau Lauerthal zu wecken und den Schlauch wieder zu richten.

Dreiviertel fünf. Die Nachtschwester kommt zum Blutdruck messen.

Halb sechs. „Ausschlafen?", fragt der Arzt. „Sie sind hier im Krankenhaus – da kann man nicht ausschlafen!"

„Aber so kann man doch nicht gesund werden!"

„Sie sind hier ja auch nicht auf Kur! Krankenhaus...", erklärt er wild, „ist eine Extremsituation. Wenn Ihr Leben bedroht ist, werden wir Ihnen helfen – oder auch nicht!"

Er ist noch jung und die Ehrlichkeit bricht eruptiv aus ihm heraus. Er tut mir recht Leid, denn er hat Recht mit seinem „Oder auch nicht!" Allein in dieser Woche gab es fünf Todesfälle auf der Station: Menschen, die ich auf dem Gang getroffen habe, die mir „Guten Morgen" gewünscht hatten, oder sich zitternd an ihrer Gehhilfe festhielten. Richtige Menschen.

In 8000 Metern Höhe, sagt man, kämpft jeder für sich allein – und im Krankenhaus im Angesicht des Todes auch. Aber dort kann man bis dahin etwas geschenkt bekommen, wovon die vom Ehrgeiz Getriebenen nichts wissen: Einen Blick für deinen Mitspieler, seine Tapferkeit und sein Elend, seine Angst und seinen Glauben – und dass dein Tod zu dir kommt in der Höhe und in der Tiefe.

In der Extremsituation ist der Mensch wie in Absolutstriche eingegrenzt, nur noch er selbst in seiner Substanz: Ein jahrelang tapfer ertragenes Leiden kann eine größere Leistung sein, als die sportliche Heldentat, von der die Zeitungen berichten.

Im Lateinischen gibt es ein Wort: „Altus" – es bedeutet „hoch" und „tief" gleichzeitig. Diese Begriffe liegen näher beieinander, als man denkt. Wie Glück und Elend.

Und Reinhold Messner und Frau Kowalski.

Einigkeit...

Die Wahrheit liegt auf dem Platz, sagt eine alte Fußballregel und ein lateinisches Sprichwort meint: „Nomen est omen".

Die Namen der Vereine sind meistens unschwer nachzuvollziehen. „Lokomotive Moskau" zum Beispiel lässt erahnen, dass sich Namensgeber und Spieler hoffnungsvoll mit Schnelligkeit und Durchschlagskraft identifizieren, oder „Sparta", wie verschiedene Vereine heißen, adaptiert die asketische und kämpferische Kraft der Spartaner.

Nur ein Name sticht als schlichte Eigenschaft unter den üblichen Kampfansagen heraus: „Eintracht Frankfurt". Denken die Frankfurter vielleicht, dass Eintracht für den Erfolg der Mannschaft etwas so Wichtiges wäre wie Lokomotivenschnelligkeit und spartanische Kraft? Umso böser sieht dann eine Zeitungsüberschrift aus wie: „Zwietracht bei der Eintracht".

Wenn man sich auf die Lauer legt, könnte man die Zwietracht nicht nur bei Fußballvereinen entdecken. Für absolut gar nichts, nicht für Häuser, Autos, Urlaubsreisen geben die Deutschen mehr Geld aus als für Scheidungen. In Ballungsräumen wird jede zweite Ehe geschieden.

Aber das hat ja nichts mit fehlender Einigkeit zu tun, oder? Sondern mit Unabhängigkeit, Individualität, ja mit Selbstverwirklichung. Das kostet natürlich ein bisschen was: Anwälte, Umzüge, Unterhalt für Ex-Ehepartner und Kinder, Rentenausgleich, Steuererhöhung, manchmal bis zum amtlich errechneten Existenzminimum. Zwei Drittel der allein erziehenden Selbstverwirklicher leben schon davon. Wo gehobelt wird, da fallen Späne.

Aber was die Nachbarschaftskriege angeht, über die allerorts so bewegte Klage geführt wird, haben die nun wirklich nichts mit Zwietracht zu tun, sondern – wie jeder Insider weiß – mit der Rechtsschutzversicherung, die sich ja schließlich bezahlt machen muss. Und so ergibt eben ein Prozess den nächsten, aber das ist nicht Uneinigkeit, sondern ein ausgetüfteltes Arbeitsbeschaffungsprogramm auf privater Initiative für Anwälte, Richter und Landratsämter. Nur manchmal eskaliert es ein bisschen und es wird einer wegen einem Stück Maschendrahtzaun erschossen, tja…

Und es ist auch gar nicht so, wie manche behaupten, dass man sich, wenn nicht einer den anderen als Kriminellen behandeln und betrachten würde, die Hälfte des Steuerrechts und der Straßenverkehrsordnung schenken könnte, also wirklich!!!

Da geht's ausschließlich um Sicherheit und Genauigkeit, zutiefst deutsche Eigenschaften, jawohl! Auch innerhalb Deutschlands fehlt überhaupt keine Einigkeit, jedenfalls nicht im Westen, wo doch manche bereit wären, einen Sack Zement aus ihrer privaten Tasche beizusteuern, um die Mauer wieder aufzubauen und sich den Solidaritätszuschlag zu sparen. Und auch nicht im Osten, wo manche eine Revolution oder zumindest den Sturm auf die Fleischtöpfe des Westens für sinnvoll halten.

Dass sich in den Ämtern und Institutionen manche Abteilungen von dem Geld des Steuerzahlers gegenseitig zeitintensiv bekriegen, ist auch kein Zeichen für Uneinigkeit, sondern für Pluralismus: Von 256 Angestellten gibt es 256 verschiedene Ansichten darüber, wer ein Anrecht auf einen Fensterplatz mit Gummibaum hat. Soweit – so gut.

Wieso steht eigentlich so ein Wort wie „Einigkeit" am Anfang unserer Nationalhymne?

Komisch! Das muss irgend so ein Zufall sein.

… und Recht

„Gerechtigkeit", sagt ein altes Wort, „ist jedem das geben, was er braucht". Und die Frage ist, inwiefern diese Weisheit von unserem Rechtssystem umgesetzt wird.

Ayse M., eine 18-jährige junge Frau, wird von ihrem Vater zwecks Aussprache auf einen Parkplatz gelockt und dort von ihm erschossen. Diesen Totschlag (denn obwohl der Mann eine Pistole dabei hatte, wollte ihm niemand schlechte Absichten unterstellen, schließlich hatte er es ja am Anfang noch im Guten und mit Reden versucht) in minder schwerem Fall (vielleicht, weil die Tote nur etwa 50 kg wog?) und ohne niedere Motive, wie das Gericht betonte (denn es ist kein niederes Motiv, aus Größenwahn und Tobsucht sein Kind umzubringen, sondern eine Frage der EHRE), und auch ohne Heimtücke (denn er hatte sie ja nicht von hinten erschossen, sondern von vorne, und eine Menge Leute konnten es mitverfolgen), ergibt summa summarum: 4,5 Jahre Knast.

Ja, weiß Gott, der arme Mann kann einem leidtun, er ist doch eigentlich schon genug gestraft: Hat er nicht eben seine Tochter verloren, jetzt wird er auch noch von seiner übrigen Familie getrennt wegen dieser deutschen Bürokratie, in diesem kalten, unfreundlichen Land, wo man seit zwei Generationen versucht, sich eine Existenz aufzubauen. Und jetzt werden einem solche Knüppel zwischen die Beine geworfen! Allgemeines Selbst- und anderes Mitleid war ihm sicher.

Ingo S., ein vom Staat bezahlter Pfleger in einem Behindertenheim, hatte seit Jahren ein gelähmtes Mädchen vergewaltigt. Vor Gericht kam er mit der „Natürlichkeit" seines Bedürfnisses heraus, und das Gericht muss dem mit einem gewissen Verständnis gefolgt sein. Das Urteil lautete 2,5 Jahre Gefängnis auf BEWÄHRUNG!

Weil diese Stütze der Gesellschaft noch nicht vorbestraft war. Ah ja – in dubio pro reo!

Reinmar und Ekdal N. tun, was sie im Fernsehen immer sehen: Mancher geht mit der Pistole, dass er auf der Bank was hole! Mit Artillerie bewaffnet, überfallen sie eine Bank, versetzen alle Angestellten in Angst und Schrecken und rennen mit zwei Taschen Geld davon. Ekdal trägt modische, überlange Hosen, die auch noch um die Hüfte sehr locker sitzen, durch die schnelle Bewegung noch lockerer, die Hose rutscht, Ekdal fällt hin, rappelt sich auf, fällt wieder, sein Kumpel wartet und flucht, die Polizei umstellt die beiden Pechvögel: 15 Jahre Gefängnis!

Hoppla! Auf einmal ist Schluss mit lustig – denn hier geht's nicht mehr um die Unversehrtheit menschlichen Lebens, sondern um das heißgeliebte und hart verteidigte Geld.

Und beim Geld hört der Spaß bekanntlich auf!

„Es geht nicht an..." ereiferte sich kürzlich unser Lieblingsministerpräsident, „dass Steuerhinterziehung ein Kavaliersdelikt wird!" Sehr richtig! Da die Steuer im Grunde das Geld des Staats ist, und der Staat sein Geld ist – wo nichts ist, hat der Kaiser sein Recht verloren – muss er es mit allen Mitteln verteidigen und kann dann auch nicht groß darauf merken, dass Mord und Vergewaltigung inzwischen fast zu Kavaliersdelikten mutieren.

Napoleon Bonapartes Weltsicht, das behaupte ich als leidenschaftliche Bayerin jetzt einfach mal, hat unserer wohl in manchem nachgestanden, in seiner Beurteilung der politischen Machbarkeit sicher nicht. Vor jeder Schlacht stellte Napoleon detaillierte Berechnungen darüber an, was ihn das kosten würde an Geld, Kanonen, Kanonenkugeln, Pferden, Pulver etc. „Und die Soldaten?" fragte ein General. „Mit Menschenleben muss ich nicht sparen", gab Napoleon zurück. „Ein Menschenleben ist das einzige, das mit sich selber spart!" So ist es.

Uneingeweihten mag das so vorkommen, wie beispielsweise bei großen Lebensmittelketten, die allerorts die Tante Emma Läden vertrieben haben und zu aristokratischen Preisen ein sehr plebejisches Zeug herstellen und anbieten. Da fangen viele an, selber zu backen oder zu kochen, wenn Besuch kommt.

Genauso möchte manch einer die Gerechtigkeit in die eigene Hand nehmen. Marianne Bachmeier z. B. hat im Gerichtssaal den Mörder ihrer Tochter erschossen.

Was? Von da an geht's bergab? Wie viel „bergabber" will es denn noch gehen? – Annie, get your gun!

NEIN!

Selbstjustiz ist natürlich keine Lösung!

Die aktuelle Rechtsprechung aber auch nicht!

... und Freiheit

Wenn ich mich auf der Fürther Freiheit auf eine Obstkiste stellen würde, wie es bei uns manche Politiker machen, wenn sie dem Mann auf der Straße direkt etwas mitteilen wollen, und wenn ich mittels Flüstertüte in die Menge der Marktbesucher und Obstverkäufer rufen würde: „Söder ist doof!" würde ich wohl nicht festgenommen werden, denn wir sind ein freies Land und ich würde mich nur lächerlich machen.

Und ist es nicht dasselbe, vom Staat geknebelt zu werden, genauso wie von der allgemeinen geistigen Konformität? Das stimmt schon, keiner feindet einen an, wenn man Söder oder sonst einen Politiker doof findet, aber alle finden einen doof, wenn man nicht die richtigen Hosen, Hobbys und Haarschnitte hat. Wir werden im Allgemeinen nicht von einem Geheimdienst überwacht, sondern von einem Volk raffinierter Werbefritzen, denen wir alles glauben, wenn es nur teuer genug ist.

Und die Versicherungen haben inzwischen die Moral ersetzt. Erlaubt ist, was die Versicherung bezahlt:

Z. B. einen Wald anzünden bei entsprechend guter Haftpflichtversicherung,

unmoralisch ist, was die Versicherung nicht bezahlt:

Z. B. spontan aus seinem Auto auszusteigen und jemanden anzuschieben, dessen Auto vor der roten Ampel plötzlich stehen bleibt. Der Schuft, der die Gelegenheit nutzt, mit dem für einen Augenblick verwaisten Auto davonzufahren und einen dreisten Diebstahl zu begehen, hat die Situation clever ausgenutzt und Glück gehabt. Man selber aber Pech, denn in diesem Fall zahlt die Versicherung keinen Pfennig, denn das Auto war ja nicht abgeschlossen!

Die Freiheit in unserem Land, da sind sich manche einig, taugt nicht viel. Erstens kann der Mensch sie sowieso nicht nutzen, denn mit seiner Freiheit rennt mancher vollalkoholisiert von einer minderwertigen Party zu nächsten, anstatt sich um das soziale Wohl der Mitmenschen und bei sich selbst um wachsende Erkenntnis zu bemühen.

Zweitens ist sie real auch gar nicht wirklich vorhanden: Weit entfernt von jeder Chancengleichheit, sind wir nach wie vor Opfer der Umstände. Was nützt einem die sogenannte Freiheit, wenn man an ein Milieu von Arbeitslosigkeit, Gewalttätigkeit, Sucht und Hoffnungslosigkeit gefesselt ist? So gesehen ist es ja eigentlich egal, ob auf dem Konglomerat der verschiedensten Unfreiheiten jetzt „Faschismus" oder „Demokratie" draufsteht?

OH NEIN! Die Attentate des 11. September waren ein großes Unglück, ein millionenfach größeres Unglück wäre es aber, wenn sich ein ganzer Staat wie eine Terrorgruppe aufführte. Solche Anschläge sind schlimm genug, der Krieg aber, zu dem sich die Bush-Regierung legitimiert fühlte, und die über den Globus verstreuten Foltergefängnisse, sind entsetzlich.

Wir spotten über unsere Politiker, schütteln den Kopf über deren Unfähigkeit und Doppelzüngigkeit, rechnen damit, dass manche bestechlich sind. Aber wenn wir glauben müssten, die Demokratie in unserem Land, unsere Freiheit würde verkommen wie in einem faschistischen Regime, würden wir nicht einfach nur eine Illusion, sondern ein Ideal verlieren. Ein Ideal, an dem sich jeder Bundesbürger, ob ihm das nun bewusst ist oder nicht, aufrichtet und auf das er stolz ist! Tatsächlich ist Freiheit mit Ehre verbunden. Ein total Unterdrückter wird „entehrt", und ohne Ehre kann ein Mensch weder leben noch sterben.

Vielleicht lohnt es sich, für nichts so sehr zu kämpfen wie für die Freiheit, auch für die Freiheit unseres Denkens. Denn, wem ich die Schuld gebe, dem gebe ich die Macht. Und wer hat die Macht? Ein paar durchgeknallte Terroristen oder machtgeile Politiker?

NEIN! Weltanschauung ist Weltgestaltung! Der Terrorismus versucht, Angst zu verbreiten. Lassen wir das nicht zu! Machen wir ihn unschädlich, indem wir keine Angst davor haben und geben wir den Regierungen unsere Stimme, die sich nicht zum Kriegshetzen verleiten lassen, wenn die Lage etwas schwieriger wird.

So einfach ist das ... und so schwer!

Titanic

Die neue PISA-Studie bringt es an den Tag: Im Bildungs-Deutschland herrscht eine alarmierende Chancenungleichheit! Die Reichen fördern ihre Kinder, wo es nur geht und die Armen haben einen – nicht freien – Küchentisch für die Erledigung der Hausaufgaben, einen Sack voll lärmender Geschwisterkinder und kein Geld für Nachhilfeunterricht. Und mit völliger Berechtigung empört sich die Volksseele über nichts so sehr wie über Ungerechtigkeit.

Womit wir bei den Reichen sind. Diese Hundlinge erkennt man jetzt offenbar nicht mehr an der Rolex-Uhr, dem Mercedes der S-Klasse oder den Urlaubsreisen auf die Seychellen, sondern daran, dass sie Geld, zusätzliches privates, nicht staatliches Geld für die Ausbildung ihrer Kinder ausgeben – das ist angesichts von fünf Millionen Arbeitslosen, die sich bald das neueste Video nicht mehr leisten können, ein starkes Stück! Staat her! Das schreit nach einem Ausgleich! Aber die Idee, dass der Staat dann die Nachhilfestunden für die Armen (das sind, siehe oben, Leute, die nicht Geld für die Ausbildung der Kinder ausgeben, ob sie es nun hätten oder nicht) bezahlen soll, wird natürlich heftig abgewiesen. Leere Kassen! Der Staat zahlt ohnehin schon die wenigen Lehrer, die er sich noch leisten kann, die Buchbinder, die die antiquierten Schulbücher am endgültigen Auseinanderfallen hindern und die Kopiergebühren für die vielen Spendenaufrufe.

Tausende und Abertausende von funkelnden Euros gibt der Staat jedes Jahr für so einen Käse wie lesen und schreiben lernen aus, das muss jetzt einmal klar gesagt werden, wo er für Renten, Gehsteige und vor allem Bürokratie zu sorgen hat, also alles, was Recht ist! So kann der Staat natürlich nicht mit diesen krankhaft ehrgeizigen Eltern finanziell konkurrieren, die um jeden Preis ihre

Kinder vorwärts bringen wollen, am Ende noch bis zum Abitur?! Und die dumme Ausrede, dass die kommende Generation international wettbewerbsfähig sein muss, führt sich ja selbst ad absurdum: Dumme gibt's überall, auch in China und warum sollten gerade wir immer die Gescheiten sein? Daran kann der Staat nun wirklich kein Interesse haben! Es bleibt uns nur eine Lösung übrig: Den arroganten Reichen wird ab sofort verboten, ihre Kinder zusätzlich zu fördern. Dann haben wir halt ein paar ungelernte Arbeiter mehr, na gut, am Ende beantragen wir alle geschlossen Hartz IV. Dann wird die Welt schon sehen, was sie angerichtet hat mit ihrem ewigen Wettbewerbsgehetze und ihrer blöden Globalisierung. Dann hat sie den Salat!

Um ein neues Modell politisch zu kommunizieren, braucht man auch immer einen gängigen Namen dafür. Ich hätte einen:

„TITANIC!" –

Wirklich etwas leisten

„Wenn es dem Esel zu wohl wird, geht er aufs Eis", sagt ein altes Sprichwort.

Und manchmal riskiere auch ich mehr als für mich gut ist, wenn ich z. B. gefragt werde: „Was machen Sie beruflich?" und ich einfach antworte: „Hausfrau und Mutter". Klar, dass ich dann oft ein: „Ach so, dann arbeiten Sie also nichts" zurückkriege. Schließlich hört man ja immer, dass sich Leistung wieder lohnen muss.

WAS Leistung nun genau ist, hat uns kürzlich ein bekannter Bankvorstand erklärt, der behauptete, das ganze Gerede um sein vieles Geld – sooo viel ist es ja schließlich auch nicht: Nur ein einstelliger Millionenbetrag im Jahr und das auch noch brutto – sei in Wirklichkeit nur der Neid von Versagern, die „den Menschen, die wirklich etwas leisten", ihren Ertrag nicht gönnen.

Das war natürlich ein Schlag in die Magengrube, aber dieser Typ traute sich, es endlich einmal auszusprechen: Leistung ist Verdienst und Verdienst bemisst sich in Euros – basta! Insofern leistet eine Krankenschwester in der Notaufnahme nichts Besonderes, auch wenn es noch so sehr um Leben und Tod geht. Denn sie verdient nicht viel; genau so wenig haben bei dieser Beurteilung die Postboten zu lachen, auch wenn manche in zwei Jobs arbeiten, um ihre Familien zu ernähren, auch die Müllfahrer, Supermarktkassiererinnen und die Friseurinnen müssen sich bei ihrem Verdienst in dieser Leistungsbeurteilung ganz hinten anstellen.

Aber am schlimmsten ist man als Hausfrau und Mutter dran. Es gibt tatsächlich Tage, da trau ich mich mit so einem Beruf fast nicht mehr aus dem Haus – aus lauter Angst, einen Bankvorstand zu treffen.

Denn als Hausfrau und Mutter verdient man nichts und arbeitet und leistet eben auch kaum was!

Kochen? Das ist ja mehr ein Hobby, wie einem die dauergrinsenden Fernsehköche auf allen Kanälen demonstrieren. Spülen? Macht die Spülmaschine! Waschen? Macht die Waschmaschine! Bügeln tut das Bügeleisen und staubsaugen der Staubsauger, den Rest – siehe Werbung – erledigen Meister Propper und Konsorten im Handumdrehen. Drei Kinder großziehen, von der Babywiege bis zum Abitur, und nebenher den Ehemann unterstützen, ist das vielleicht eine Leistung? Aber nicht doch, das ist doch eine Freude, ein Vergnügen, eine Art Freizeitgestaltung, das macht man doch alles gerne. Gerade, wenn man seine Kinder liebt, gibt es ja nie ein Problem, keine Krankheiten, Konflikte, durchschrieene Nächte, kein Wölkchen an der Familienfront.

Ursula von der Leyen würde sich alle zehn Finger danach abschlecken, wenn sie auch nur die Hälfte der Zeit mit ihrer Familie hätte verbringen dürfen wie ich, aber die arme Frau musste ihrem Gewissen folgen, indem sie sich für das Wohl des Ganzen derart in der Politik aufrieb, bis ihre Mimik ganz verspannt wirkte, während ich auf der Terrasse liege, mir die Sonne auf den Bauch scheinen und von den Kindern Drinks servieren lasse.

So gesehen hat es schon seine Richtigkeit, wenn einem für dieses Lotterleben nicht auch noch Geld hinterher geschmissen wird, am Ende noch Betreuungsgeld, das die ohnehin luxusorientierte Mutter als weiteres Taschengeld aus dem Fenster pulvert, nur dafür, dass ihrem armen Kind frühe Lernerfahrungen vorenthalten werden. Die Lernerfahrung, sich z. B. unter herzzerreißendem Geschrei jeden Morgen von seiner Mutter zu trennen und sich dafür bei einer anderen Frau, die Geld dafür kriegt, wodurch sie etwas leistet, in einem ganzen Pulk von Babys und Kleinkindern zurechtfinden zu müssen, ist ja eine äußerst wichtige Lektion, mit der man gar nicht früh genug beginnen kann.

Besonders hart trifft mich persönlich immer das Argument, dass man als „Heimchen am Herd" auch noch geistig verblödet. Stimmt ja, als Angestellte eines Reisebüros wäre ich mit Sicherheit wacher und gebildeter... tja! Denn, wie man hört, ist es ja so, dass einem die Aufgabe, sich stetig geistig weiterzubilden und zu erweitern, von jedem beliebigen Beschäftigungsverhältnis automatisch abgenommen wird. Was man an den meisten Männern sieht, die, in welchem Beruf auch immer, sich niemals über geistige Enge und Einseitigkeit beklagen; jedenfalls nicht über ihre eigene. Zwar habe ich hin und wieder Akademiker getroffen, die auch nicht alle Albert Einstein waren, Wissenschaftler mit einem Brett vor dem Kopf und Juristen, die nicht unentwegt durch Geistesblitze auffielen, aber das sind bestimmt nur Einzelfälle gewesen und von einer richtigen Verblödung, wie sie einen als Hausfrau und Mutter überkommt, kann man da wahrscheinlich gar nicht reden.

„Sag doch einfach, Du bist Autorin", rät mir meine Freundin Michaela. „Freischaffende Künstlerin klingt doch viel besser als Hausfrau und Mutter". Recht hat sie! Und doch: Vielleicht kommt dieser Beruf wieder einmal in Mode, schließlich lebt unser Land bis auf den heutigen Tag noch von der Hingabe und Opferbereitschaft unserer Mütter und Großmütter.

Oder wie ein russisches Sprichwort es sagt:

„Die Hand, die die Wiege bewegt, bewegt die Welt."

Nachwort

Viele Menschen haben der Autorin Ruth Hanke mit Ihren Erlebnissen und Abenteuern aus dem Lebensalltag zahlreiche Anregungen zum Nachdenken und letztlich auch zum Schreiben all dieser Glossen in ihrem Buch gegeben. Einige, insbesondere diejenigen, die nicht zum engeren Familienkreis gehören, wissen gar nichts davon, Ihnen sei auf diesem Wege hiermit herzlich gedankt!

Wenn auch die Geschichten mitten aus dem Leben der Autorin stammen, so sind doch die Namen der unterschiedlichen Protagonisten, bis auf wenige Ausnahmen, geändert und frei erfunden und jegliche Ähnlichkeit mit lebenden Personen wäre rein zufällig.

Die Illustrationen zu den Hauptkapiteln stammen von unserer Tochter Susanne Hanke auf Anregung der Autorin.

Dass dieses Buch in der vorliegenden Form und Ausgabe überhaupt entstehen konnte, ist insbesondere auch Frau Heike Böbel und Herrn Robert Frischholz zu verdanken. Beide haben mich mit ihren wertvollen Hinweisen, Ratschlägen und zeitaufwändigen Korrekturlesungen besonders unterstützt, wofür ihnen an dieser Stelle herzlichst gedankt sei!

Friedrich G. Böbel hat mit seinem Vertrauen und seiner großzügigen, finanziellen Unterstützung dieses Buchprojekt dankenswerterweise auf einen wirtschaftlich soliden Grund gestellt.

Zu guter Letzt möchte ich meiner lieben Frau danken, die mir den Auftrag zur Gestaltung dieses Buchs anvertraut hat. Ich hoffe auf noch viele Fortsetzungen. Denn mit der Gestaltung einher geht die Notwendigkeit, diese Glossen immer und immer wieder zu lesen, was, wie ich Ihnen, liebe Leserin und lieber Leser, versichern kann, ein ausgesprochenes Vergnügen ist.

Randolf Hanke, Puschendorf 2012